中公文庫

昭和史の大河を往く２

国会が死んだ日

保阪正康

中央公論新社

目次

首相官邸の主人たち……113

昭和の歴代首相一覧

①	第25代	若槻礼次郎（第一次）	大正15（一九二六）年1月30日〜
②	第26代	田中義一	昭和2（一九二七）年4月20日〜
③	第27代	浜口雄幸	昭和4（一九二九）年7月2日〜
	第28代	若槻礼次郎（第二次）	昭和6（一九三一）年4月14日〜
④	第29代	犬養毅	昭和6（一九三一）年12月13日〜
⑤	第30代	斎藤実	昭和7（一九三二）年5月26日〜
⑥	第31代	岡田啓介	昭和9（一九三四）年7月8日〜
⑦	第32代	広田弘毅	昭和11（一九三六）年3月9日〜
⑧	第33代	林銑十郎	昭和12（一九三七）年2月2日〜
⑨	第34代	近衛文麿（第一次）	昭和12（一九三七）年6月4日〜
⑩	第35代	平沼騏一郎	昭和14（一九三九）年1月5日〜
⑪	第36代	阿部信行	昭和14（一九三九）年8月30日〜
⑫	第37代	米内光政	昭和15（一九四〇）年1月16日〜
	第38代	近衛文麿（第二次）	昭和15（一九四〇）年7月22日〜
	第39代	近衛文麿（第三次）	昭和16（一九四一）年7月18日〜
⑬	第40代	東條英機	昭和16（一九四一）年10月18日〜

⑭第41代　小磯国昭　昭和19（一九四四）年7月22日〜
⑮第42代　鈴木貫太郎　昭和20（一九四五）年4月7日〜
⑯第43代　東久邇稔彦　昭和20（一九四五）年8月17日〜
⑰第44代　幣原喜重郎　昭和20（一九四五）年10月9日〜
⑱第45代　吉田茂（第一次）　昭和21（一九四六）年5月22日〜
⑲第46代　片山哲　昭和22（一九四七）年5月24日〜
⑳第47代　芦田均　昭和23（一九四八）年3月10日〜
第48代　吉田茂（第二次）　昭和23（一九四八）年10月15日〜
第49代　吉田茂（第三次）　昭和24（一九四九）年2月16日〜
第50代　吉田茂（第四次）　昭和27（一九五二）年10月30日〜
第51代　吉田茂（第五次）　昭和28（一九五三）年5月21日〜
㉑第52代　鳩山一郎（第一次）　昭和29（一九五四）年12月10日〜
第53代　鳩山一郎（第二次）　昭和30（一九五五）年3月19日〜
第54代　鳩山一郎（第三次）　昭和30（一九五五）年11月22日〜
㉒第55代　石橋湛山　昭和31（一九五六）年12月23日〜
㉓第56代　岸信介（第一次）　昭和32（一九五七）年2月25日〜
第57代　岸信介（第二次）　昭和33（一九五八）年6月12日〜
㉔第58代　池田勇人（第一次）　昭和35（一九六〇）年7月19日〜

第59代　池田勇人（第二次）　昭和35（一九六〇）年12月8日〜
第60代　池田勇人（第三次）　昭和38（一九六三）年12月9日〜
㉕第61代　佐藤栄作（第一次）　昭和39（一九六四）年11月9日〜
第62代　佐藤栄作（第二次）　昭和42（一九六七）年2月17日〜
第63代　佐藤栄作（第三次）　昭和45（一九七〇）年1月14日〜
㉖第64代　田中角栄（第一次）　昭和47（一九七二）年7月7日〜
第65代　田中角栄（第二次）　昭和47（一九七二）年12月22日〜
㉗第66代　三木武夫　昭和49（一九七四）年12月9日〜
㉘第67代　福田赳夫　昭和51（一九七六）年12月24日〜
㉙第68代　大平正芳（第一次）　昭和53（一九七八）年12月7日〜
第69代　大平正芳（第二次）　昭和54（一九七九）年11月9日〜
㉚第70代　鈴木善幸　昭和55（一九八〇）年7月17日〜
㉛第71代　中曽根康弘（第一次）　昭和57（一九八二）年11月27日〜
第72代　中曽根康弘（第二次）　昭和58（一九八三）年12月27日〜
第73代　中曽根康弘（第三次）　昭和61（一九八六）年7月22日〜
㉜第74代　竹下登　昭和62（一九八七）年11月6日〜

昭和史の大河を往く2

国会が死んだ日

言論の優位性を信じて暴力に屈しなかった先達に捧ぐ

国会が死んだ日

浜田国松の〝ハラキリ問答〟

国会議事堂が仮議事堂から現在の永田町に移転して平成十八年で七十年を数える。軍部の圧力に屈し、言論の府としての自負を捨てた戦前の屈辱の歴史と、議会人の誇りを捨てなかった数少ない男たちの孤独な戦いを辿る。


この二十年余、昭和の議会史にかかわるある証言が気にかかってきた。

陸軍省軍務局軍務課の将校の証言である。

「軍務課には内政班とか南方班など五つの班がありました。内政班は国内の世論対策の担当ですが、具体的には政治家へ軍の見解を周知徹底せしむることと、反軍的政治家への圧力ということですね。議会の傍聴席に座って、陸軍大臣の演説に誰が拍手をしているか、誰が野次を飛ばしているか、それをリストアップもしました。ときに双眼鏡を使って議員名を確認することもありました……」

この将校は昭和十三年ごろから内政班の末端将校として、こうした仕事をしていたというのだ。傍聴席に軍服姿で座り、議場を見わたしているのだから、確かに異様な風景だったと彼自身も認めてもいた。

陸軍省軍務局の中に軍務課が設けられたのは、昭和十一（一九三六）年八月一日だ。主たる業務は「帝国議会トノ交渉ニ関スル事項」「国防思想ノ普及及思想対策ニ関スル事項」といったところだが、むろん二・二六事件後の陸軍内部における改革と陸軍の指導者たちは口を揃《そろ》えて語った。二・二六事件という軍内の不祥事によって各方面に迷惑をかけた、二度とこのような事件を起こしませんという言をもって、幾つかの手を打ったが、そのひとつというのである。

この改革には、他にも陸海軍大臣現役武官制の復活やら皇道派将校に同情的な将兵を軍中枢から引き離す粛軍人事など、自分たちに都合のいい改革であった。軍務課を新設したのは、事件前までは軍内の各セクションから外部にむけての意見がだされて混乱したが、事件後はこの軍務課だけが陸軍の考え方を外部に発信するというのであった。その実、強圧的に議会に軍の言い分を承認させるとの思惑があった。

二・二六事件後に誕生した広田弘毅《こうき》内閣で、陸軍大臣に就任したのは寺内寿一《ひさいち》[*1]である。軍内の長老という立場にあった寺内と、その補佐役となった陸軍次官の梅津美治郎《よしじろう》[*2]は、青年将校の暴発に恐縮したポーズをとりながら、その実、陸軍が政治の実権をにぎるために二・二六事件という暴力を最大限に利用したのである。大臣武官制も粛軍人事も、そして軍務課もすべてそういう計算だったのだ。

しかし、わたしはそうした一般的な見方に加えてさらにもうひとつ重大な思惑があったように思う。

それはこの年十一月に完成する新議事堂を親軍派の議員で埋めつくそうとする意図があったのではないかということだ。

新議事堂は、大正九（一九二〇）年六月に建築工事に入り、十七年をかけ、延べ二百五十四万人の人員を動かし、二千六百万円の総工費で完成した。明治二十（一八八七）年に帝国議会議事堂を永田町に建設すると決定したが、資金的な裏づけがなく、内幸町に木造建築で仮議事堂を建て、それが二回にわたって火災にあうなどして突貫工事での仮議事堂時代が続いてきた。昭和十一年十一月はやっとそういう仮議事堂から脱けだすことを意味していた。

実際に、十一月七日のこの新議事堂の完成時には貴族院、衆議院の議員、それに政府関係者や官僚など三千人近くが集まって竣工式や祝賀式が行われた。この日は終日雨が降った。その雨に打たれながら、憲政功労者として表彰されたばかりの尾崎咢堂《がくどう》（行雄《ゆきお》）は、「こんな立派な議事堂ができても、そこに入る議員はそれにふさわしいといえるだろうか」と語ったと当時の新聞は伝えている。

軍の思惑吹きとばす浜田国松の演説

この新議事堂で初めて召集されたのは、第七十通常議会であった。十二月二十六日からこの議会は始まった。そして翌昭和十二年一月二十一日の衆議院の本会議で、陸軍指導者の思惑を吹きとばす問答が行われた。

広田の施政演説に対して、質問に立ったのは政友会を代表しての浜田国松《くにまつ》である。

浜田国松

浜田は「近年の我が国情は、特殊の事情により、国民の有する言論の自由に圧迫を加えられ、国民はその言わんとするところを言い得ず、わずかに不満を洩らす状態に置かれている」と口火を切り、そして「軍部は近年自ら誇称して……独裁強化の政治的イデオロギーは常に滔々《とうとう》として軍の底を流れ、時に文武恪循《かくじゅん》の堤防を破壊せんとする危険がある」と二・二六事件後の陸軍の動きを激しく批判した。軍人は政治に関わってはならないはずだ、軍という立場で政治を行うということなどとんでもない、ともつめよった。

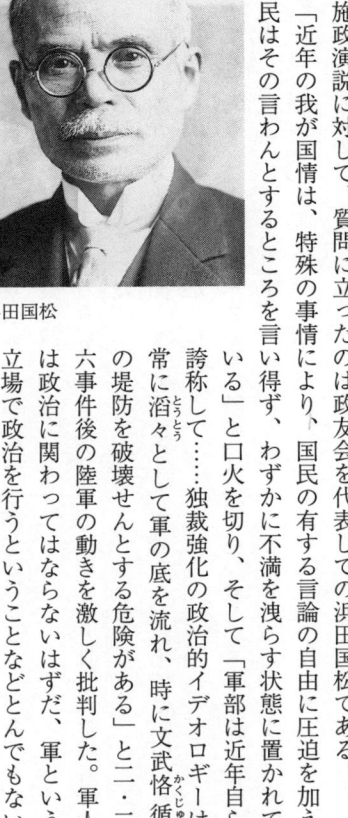

このとき浜田は六十八歳、明治三十七年に三重県宇治山田市で衆議院議員に当選してから連続三十三年の議員生活をつづけていた。犬養毅《つよし》と行動を共にすることが多く、いわば憲政擁護運動に情熱を傾けてきた長老議員でもあった。

議場からは浜田の演説に拍手をする者が多い一方で、すでに親軍的と目される議員の中には激しい野次を浴びせる者もあった。

この浜田演説を紹介する当時の新聞、そして政治史の書を読むと、議場では浜田の〝軍部批判〟に共鳴する議員の拍手が多かったという。

その一方で、わたしはこの演説を本会議場二階の傍聴席で見つめている軍服姿の将校たちの姿を想像した。彼らは浜田の〝軍部批判〟にどのような思いをもっただろうか。傍聴席に座っていたであろう軍務課内政班の将校たちは、いずれも陸軍大学校を優秀な成績で卒業した、いわゆる軍内エリートである。彼らはここまで軍を批判する言辞に怒りをもったであろうことは想像に難《かた》くないのだ。

七十年前の「公務員席」からの視線

浜田が新議事堂で、この演説を行ってから平成十八（二〇〇六）年は七十年目にあたる。わたしが国会内をある閣僚の紹介という形で、毎日新聞社出版局のAさんたちと見学したのは、この二月二十二日であった。職員の説明を受けながら、赤じゅうたんを歩くというのは、わたしにとっては初めてのことで、それだけに奇妙な錯覚にも捉《とら》われた。中国やペルシャから取り寄せた素材を用いて東京美術学校の教官たちがデザインしたという、この赤じゅうたんの上をどれだけの議会人が歩いたことか。赤じゅうたんに尋ねてみたい思いにも捉われる。

昭和前期を代表する東條英機《ひでき》、昭和中期の吉田茂《しげる》、そして昭和後期を代表するとわたしは思うのだが、田中角栄の三人の首相などはどのような思いで国会内を闊歩《かっぽ》したのか、と考えてみたくもなる。

衆議院本会議場の二階にある傍聴席に立つ。傍聴席の前面は記者席となっていて、カメラも据えつけられるようになっている。傍聴席から議場を見ると、誰もいない議場は意外に狭い。もっとも職員の説明では、本会議場の入り口から見ると内部は意外に広いそうだ。

「この議場の中には、バッジがない人は決して入れません。たとえ新聞記者でも、私たち一般の職員でも入れないのです。足一歩たりともです」

という説明を聞きながら、なるほどと思う。軍部が横暴をきわめていた時代でも、それは厳密に守られていたということだ。

この日は本会議が開かれないので、見学者のためか傍聴席から見ると議長席とか演壇と張り紙がしてあり、どのような形になっているのか一目でわかるようになっている。傍聴席正面に立つと右側も一般の席だとわかるが、左側には「公務員席」という張り紙がしてある。各官庁の官僚はここに座って議場の様子をながめるのであろう。

傍聴席の椅子席もそして背中にあたる布もいささか疲れた感を与えるのは、七十年近い時間のためであろう。ほぼ七十年前のこの本会議場で、わたしが座った最前列正面の席には誰が座って浜田の〝軍部批判〟を聞いただろうか。そうした想像自体、わたしにとっては〈歴史〉とふれあう心地よさでもあったが、傍聴席左側にある「公務員席」には、軍務課の将校たちが座っていたと思うと、いささかゆううつになる。ときに彼らは双眼鏡で議場内を見回し、政友会の誰某《だれそれ》が浜田に拍手を送っているとか、社会大衆党の誰某は勢いよく拍手をしていたとか、あるいは政党は問わないがしきりに誰某は野次を飛ばしていたとか、メモをとっていたのであろう。

〝割腹問答〟への拍手と軍部の怒り

この本会議場を当時の光景に戻してみるならば、浜田の演説に対して答弁に立った寺内は初めからいささか喧嘩腰《けんかごし》であったらしい。軍服姿の軍人が感情を顕《あらわ》にするということ、それ自体が暴力だということなど、この軍人は理解していなかったのだろう。いやそのころの軍人には、そういう自制心など望むべくもなかったということかもしれない。

寺内は、「我国の政治は欽定《きんてい》憲法に準拠して運用さるべきものと確信している」と表面的な答えをしたあとで、次のように答えたというのだ（「速記録」から）。

「先程から浜田君が種々お述べになりましたいろいろの御言葉を承《うけたまわ》りますると、中にはあるいは軍人に対しましていささか侮蔑さるるような如き感じを致す所の御言葉を承りまするが……」

　要するに、浜田の演説の中には軍人への侮辱的表現があると釘をさしたのだ。寺内の答弁に用いている語は慇懃無礼《いんぎんぶれい》ともいうべきだが、腹の中は怒りで満ちていたにちがいない。なぜならこうした語はあえて口にする必要のない表現でもあった。

　寺内のあと有田八郎[*3]外相が、浜田の質問に答弁を返した。そのあと浜田は再び登壇して寺内の答弁に、「陸相寺内君は私に対する答弁の中で、浜田の演説中軍部を侮辱するの言辞があると言うことを仰せられた。どこが侮辱して居る（拍手）。……私のなんらの語辞が軍を侮辱しましたか。事実を挙げなさい。（「そのとおり」と叫ぶ者あり）」と反論したが、寺内は「私はそのようなことを言ったのではない。速記録をよくご覧下さい」とはぐらかすような答弁をした。

　浜田は三たび登壇すると、激しい口調で寺内に迫った。

「私は九千万の国民を背後にしている公職者である。あなたより忠告を受けなければならぬことを私がしたならば……天下に謝しなければならない。……速記録を調べて私が軍隊を侮辱した言葉があったら割腹《かっぷく》して君に謝する。しかしなかったら君、割腹せよ」議場は浜田の舌鋒《ぜっぽう》に拍手がわいている。この演説は「割腹問答」として歴史に刻まれることになるが、寺内もまた三たび登壇して「只今（浜田君は）私が前言と違ったことを申したように申されましたが、よく速記録をご覧下さいますようお願いいたします」と答えた。寺内もまた憮然《ぶぜん》としていたとある。

七十年近くも前にこの本会議場で演じられた問答は、今から思えばあまりにも時代がかっている。割腹、ハラキリなどという語は今の議会では吐かれることはない。しかしこの問答は、広田内閣の倒閣に至るのだから、寺内とそれを支える陸軍省の将校はどれほど激怒したかがわかってくるのである。

＊1寺内寿一
明治十二～昭和二十一年。寺内正毅の長男。近衛師団参謀長、台湾軍司令官などを経て広田弘毅内閣の陸軍大臣となる。広田内閣総辞職後は北支那方面軍司令官、南方軍総司令官として作戦を指揮した。陸軍元帥。

＊2梅津美治郎
明治十五～昭和二十四年。関東軍総司令官、参謀総長などを歴任。東京裁判ではA級戦犯として終身禁固刑を宣告された。陸軍大将。

＊3有田八郎
明治十七〜昭和四十年。外交官、政治家。「アジア派」の外交官として知られ、広田、第一次近衛、平沼、米内内閣の外務大臣を務めた。日独伊三国同盟には反対を貫いたが、戦後に公職追放となり、追放解除後に衆議院議員に復帰。

軍部大臣現役武官制という〝魔物〟

〝永田偽メール問題〟[*4]に揺れた平成十八年二月、国会を訪れた著者は、七十年前の浜田国松の〝ハラキリ問答〟に思いを馳せる。陸軍の横暴に抗した戦前の議会人の気骨は、現在の政治家には受け継がれていないのだろうか……。

昭和十二（一九三七）年一月二十一日の衆議院本会議で交わされたハラキリ問答、その速記録を読むと質問者の浜田国松と答弁の寺内寿一陸相との間には体質の違いがあることがわかる。

浜田はいかにも帝国議会育ちの政党人らしく、「あなたも国家の公職者であるが、不徳未熟、衆議院議員の浜田国松も陛下の下における公職者である」といった大見得《おおみえ》をきる言い方を好んでいる。「（武士は）士道を重んずるものである。民間市井《しせい》のならず者のように、論拠もなく事実もなくして人の不名誉を断ずることが出来るか」と巧みに議場の拍手を浴びたりする。言論を自在に駆使して、寺内をおだてたり、批判したりしつつ、陸軍が政治を仕切るがごとき態度はおかしいのではないかと釘をさすのだ。

反して寺内はどうか。意外なことに陸軍内部で「お坊ちゃん大将（注・父親は寺内正毅《まさたけ》）」と陰口されているのだが、答弁の言葉づかいも「お坊ちゃん」風なのである。「私も一言御答弁を申します」「速記録をよくご覧下さいまし……」という具合に妙に丁寧だ。そう言いつつ、「（大臣現役武官制を認めさせたことについて）堂々と軍の必要上これを処置いたしたのでございます。その他はここに答弁を差し控えます」と質問に正面からは答えない。

　この日の本会議は、午後六時すぎに終わった。議場には「空気はただならんもの」があったという（原田熊雄《くまお》述『西園寺公と政局』）。政党人からみれば、浜田が陸軍を怒らせたのだという見方、寺内や軍人たちはここで黙って引きさがるわけにいかないとの不満が議場にあったということだろう。実際に、寺内は首相の広田弘毅《こうき》に議院内で臨時閣議を開くよう要求するのだ。広田は渋々それを受けいれて午後八時から閣議が開かれている。

　新議事堂内の閣議は初めてのこと、それだけ寺内は国会につきそってきた陸軍省の軍官僚たちに大方、「議員にこれだけ侮辱されて黙っているわけにはいきません」とたきつけられたに違いない。実際に広田は周辺の者に、「寺内は軍内部から引きさがるわけにいかないと煽《あお》られているようだ」と洩らしている。

　臨時閣議では、寺内が本会議とは打ってかわって饒舌《じょうぜつ》にまくしたてた。

「今、どういうときか、その時局認識を誤っている議会があっては、政治は円滑にいかない。すぐにでも解散してほしい」

それに加えて、寺内は「二・二六事件の始末は三月一日に粛軍人事を行って一段落を告げる。その人事は自分がやりたい。そういう時局を理解する議会でなければならない」と檄《げき》をとばす。他の閣僚は驚く。しかし寺内は「もう解散以外にない」と譲らない。浜田のような、陸軍にとって煙たい存在は追いだしてしまえというのだ。

偽メール問題の渦中に往時を思う

この平成十八年二月二十二日、わたしは国会内をすみずみまで見学した。今は各政党の控室になっている部屋などが、当時のどの会派の控室になっていたのだろうか、あるいは陸軍の将校たちは軍服姿で四人、五人と徒党を組む形でこういう会派の周辺を歩いたのだろうか。だとすれば、議員は怖かったであろうとも推測できる。臨時閣議はどこで開かれたのか。中央広間の階段を登った二階の左側にある閣議室だったのか、それとも本会議場議長席の裏側にある今の議長応接室だったのか。むろん今となっては職員にもわからないという。

「なにしろ戦前の議会を知っている者は今は誰もいません。戦後でももう昭和二十年代はいませんよ。辛《かろ》うじて昭和三十年代の終わりから、四十年代に入ってのことを知っている者も定年ですから……」

という職員の言を聞くと、新議事堂完成から七十年、この国会での議会政治は第三幕、第四幕と進んでいることがわかってくる。わたしは議長応接室のソファに座らせてもらい、しばし、七十年前に衆議院本会議を動かしていた議長の富田幸次郎《こうじろう》*5はどういうつもりだったのだろうと想像した。そういえば、浜田国松は旧議事堂最後の衆院議長であり、新議事堂では最初に議会政治擁護の声を挙げたことになる……。

この日の国会は午後からは小泉純一郎首相と前原誠司民主党代表の党首討論が予定されていた。前原は前日に、永田メール問題で「その詳細を明らかにする。まあ見ていてください」と高言していたから、院内はざわざわとした空気があった。赤じゅうたんを走り回る記者、階段の隅《すみ》でひそひそ話をしている議員の姿も見えた。

そういう空気の中で、新議事堂完成時の議会風景に思いを馳《は》せながら、国会の中を見学しているという皮肉に、今ここで起こっている問題もさほどかわらないのかもしれぬと思えてきた。

もっとも、内容もあやふやなメールを掲げて声高に責める議員と議会政治を守るために陸軍の横暴を攻撃する議員との間には、その意気ごみ、真剣さ、そしてなによりこの議場に言論の重みを与えようとする使命感には天地の開きがあるように思うが……。

中央玄関から入って階段を昇りきった三階正面に天皇が開院（会）式に出席したときに使われる御休所がある。その真下の部屋が総理大臣室だが、職員の話によれば、そこには総理大臣しか入れないのだそうだ。

日本の頂点に立ったただ一人の人物しか入れない部屋、職員の話によると中曽根康弘は首相になって初めてこの部屋に入るとき、その前に立ち、そして振り返り、赤じゅうたんの敷きつめられた三方の廊下を感慨深げに見つめていたというのであった。

昭和十一年三月に首班への大命降下を受けたときの広田はどういう感慨をもっただろうか。なにしろ新議事堂に入る初めての首相となる。しかしそういう感慨より、どういう姿勢で軍部と向きあっていくか、あるいは協調していくか、頭を痛めていたはずだ。組閣では自らの構想をあっけなく潰されている。広田は、寺内があまりにも「解散」に固執するので、さしあたりその点についてはさらに協議するということで閣議をしめくくった。だが寺内をなだめるために、「三日間だけ議会停会の手続きをとりたい」と妥協案をだした。国会の機能を止めてしまうというのだ。その間に、陸軍を説得することにしたのである。

影落とす「陸海軍大臣現役武官制」

広田はすぐに参内して天皇にこのことを説明した。そして議会停会の詔書公布を願いでている。そのときのやりとりを広田は、前出の原田熊雄[*6]に伝えている。

「軍民の間の摩擦が激化しないように……」

「政府としてもその点は善処するようにしたいと思います。明日閣議を開いて決意するつもりでおります」

広田は三日間の停会の間に、解散か否《いな》かを決めようとしていたのだ。翌二十二日に入って、午前十時から閣議が開かれた。寺内は「非常時という理解がない議会は困る。解散は譲れない。即刻解散してほしい」と前日よりも激しい口調になった。あの国会答弁のあと、陸軍省に戻って梅津美治郎や軍務局長の磯谷廉介《いそがいれんすけ》、*7 さらには軍務局の中堅将校などに「議会を解散させろ」と強い説得を受けていた節があった。

「この意見がいれられなければ、私は辞職をする」

と寺内は脅した。将校たちに智恵をつけられてきたのだろう。

辞任の脅しの意味を閣僚たちもすぐに理解した。広田内閣には民政党から二人、政友会からも二人の政党人が入閣していたが、当初、陸相の辞任の脅しにも屈せずに、「解散に反対である。浜田君の演説は解散に値する理由にはならない」とはねつけた。しかしその意見に、寺内も「議会に非常時の認識がないのは困る。解散以外にない」とますます居丈高《いたけだか》になった。

本会議での口調とは異なる激しさであった。解散を譲っては陸軍省に戻れないかのような口ぶりだったというのだ。

閣議も「解散やむなし」の論に傾いていった。広田にすれば、もし寺内が辞職すれば内閣自体も総辞職となり、新たな組閣の折には寺内に代えて他の陸軍大臣を推そうにも陸軍で人物を推してこなければ組閣できなくなる。まさに「陸海軍大臣現役武官制」という第一次山本権兵衛《ごんべえ》内閣のときに廃止になっていたこの制度が二・二六事件のあとにもちだされてきたのはこのためだと気づいた。

浜田は寺内に対してこの制度をもちだす不自然さを指摘していたが、事態はそのとおりになってきたのだ。

言論人の気骨消え、闊歩する軍服

正午前に終わった閣議で、広田首相は「解散」の方針を固めた。その方針で三日間の停会のあとに議会に臨むことになった。ただ海軍大臣の永野修身《おさみ》*8は、解散に積極的ではなかった。陸軍と政党の間に入って調停を行う意思を明らかにした。永野は海軍次官の山本五十六《いそろく》、軍務局長の井上成美《しげよし》らの意見をいれ、「海軍の軍縮条約が期限切れになったために、日本は今国民全部が一致していなければならないときだ。それなのに議会を解散することは軍部と政党の対立になり好ましくない」という筋の通った考えの側に立った。

山本のもとに梅津が、同じ次官という立場で説得に訪れたが、山本は「解散」にはうなずかなかった。このあと、山本が陸軍の考えに同調しないうえに、ドイツと結ぶ防共協定にもアメリカ、イギリスの反発が大きいと賛成しないのに腹を立て、陸軍の将校と通じた右翼陣営からの脅しも重なっている。山本の秘書官だった実松譲《さねまつゆずる》*9は、そういう右翼の名をあげながら、短刀をつきつけられたこともあると言い、

「そのため山本さんは死を覚悟して、ひそかに遺書を書いて金庫にしまっていました」

とのエピソードをわたしに語った。

永野は海相として、民政党、政友会の総裁にも会って、「できうるなら、初めから内閣を弾劾《だんがい》するのではなく、内閣と協力するという方向での対応はとれないか」と申し入れている。両党とも渋々とうなずいた。永野はそれで寺内を説得しようとしていた。しかし陸軍側は「解散」を譲れないとして、軍務課の将校たちが政党や閣僚の説得に歩いている。永野が寺内にふたりで話しあいたいと申し入れたが、寺内はそれを拒んだ。

広田はこういう状態を見て、解散をあきらめた。なぜなら解散には、閣僚全員の賛成が必要なのだがその可能性がないからだ。広田は総辞職をして自らの内閣を倒すことになったのである。広田はこうした政争に厭気《いやけ》がさしてしまった節もあった。

一月二十三日の夕方、広田は参内して天皇に内閣総辞職の意思を告げた。

こうして広田内閣は倒れたが、それは浜田のハラキリ問答に理由があるのが明らかであった。浜田の演説は「軍が政治にあれこれ口を挟むな」というのが本意だが、誰が聞いても否定のしようがない事実だ。それが気にいらないといって圧力をかける。国会での言論

が死んでいく第一幕がこのハラキリ問答だった。

寺内は、浜田の演説が原因で総辞職に至ったのではないと必死に新聞記者たちに弁明している。

「政党の考え方を見るに、とくに議場の空気を見ていて時局に対する認識がわれわれと根本的に異なることを発見したからである。ここで妥協してひととき糊塗《こと》してもとうてい難局をのりきれないと判断した」というのであった。そして内々には、本当に望んでいる首相は近衛文麿《このえふみまろ》だとも明かしている。

元老の西園寺公望《さいおんじきんもち》は、首相奏請《そうせい》の役をつとめていたが、この広田内閣をもってその役目を実質的には辞めた。八十八歳、病に伏しているということもあったにせよ、もう日本の政治には関わりたくないとのリベラリストの思いからでもあった。こうして国会の周辺からはしだいに「気骨」が消えていった。軍服姿の将校たちが闊歩《かっぽ》する時代にと変わっていった。

＊4永田偽メール問題
民主党の衆議院議員永田寿康が、ライブドア前社長の堀江貴文が、自民党幹事長武部勤の次男に三千万円を資金提供するよう社内の関係者にメールで指示したと追及した。しかしこのメールが偽物であることが判明し、永田議員は辞職。民主党執行部は総退陣した。

＊5富田幸次郎
明治五～昭和十三年。政党政治家。高知新聞社長兼主筆として自由民権運動に携わった後、明治四十一年より衆議院議員。憲政会、民政党の党務に専念。昭和十一年から十二年まで衆議院議長を務めた。

＊6原田熊雄
明治二十一～昭和二十一年。加藤高明、若槻礼次郎の秘書官を務めた後、祖父と懇意だった西園寺公望の秘書となり、木戸幸一、近衛文麿ら旧友との関係を通じて政界情報を入手。その口述日記（のちに『西園寺公と政局』として刊行）は、東京裁判で重要な証拠文書とされた。

＊7磯谷廉介
明治十九～昭和四十二年。陸軍省軍務局長を経て関東軍参謀長となるが、ノモンハン事件敗戦の責任をとり予備役編入。太平洋戦争開戦後、香港占領地総督となり、昭和二十二年、南京の軍事法廷で無期懲役刑を受けたが二十七年に釈放された。陸軍中将。

＊8永野修身
明治十三～昭和二十二年。連合艦隊司令長官・海軍大臣・軍令部総長の三職についた唯一の人物。戦後、A級戦犯として裁判中に病死。海軍元帥。

＊9実松譲
明治三十五～平成八年。米内光政、山本五十六の秘書官を務める。日米開戦時には海軍武官補佐官としてアメリカに滞在。駐米大使らとともに抑留され、半年後に送還された。海軍大佐。

陸軍の二度目のクーデター、議会解体

浜田国松の〝ハラキリ問答〟に端を発し、広田内閣は崩壊する。続いて大命を受けた宇垣一成は陸軍の強硬な反対で組閣を断念。短命な林銑十郎内閣を経て、第一次近衛内閣が誕生した。それを待つかのように、日中戦争が始まり、日本は戦争への道を突き進んで行く。

昭和十二年一月の寒風の中、牛込区中町にあった浜田国松の自宅には新聞記者や政治家が集まっていた。二十二日、二十三日と寺内陸相が執拗に解散を要求するのに音《ね》をあげた広田弘毅首相は結局総辞職を決めたのだが、そのような政局の動きとは別に、浜田は「陸軍と政党の対立」を演出した政治家として「時の人」になったのである。

当時の『讀賣新聞』は、浜田を「新議会の新〝爆弾男〟」と評している。

二十三日、二十四日に浜田の快気炎を報じる新聞もあった。このころ浜田は風邪をひいていて三十八度の熱をだしていたのだという。議会で浜田の声が日ごろとは異なって、いくぶん高かったのは、熱を押しての演説だったためだ。浜田は新聞記者相手に自らの信念を披瀝《ひれき》している。こんな言が『讀賣』には報じられている。

「議会における議員の言論は憲法で絶対に保障されているんだ。わしは議員の持つ権威を護っただけなんだ。明治三十七年から始ったわしの議員生活にはいろいろの波瀾曲折はあった。だがわしの信条はいつも同じだ、まだまだ戦いつづけるぞ。風邪なんかなんでもないよ」

この年三月に六十九歳に達するというのに、「双頰《そうきょう》を紅く燃やして元気一杯に語りつづけた」とも報じられている。「白亜殿堂の〝爆弾男〟」とか「国に捧げた命だ　言うだけは言う」といった大見出しがつけられて、浜田はまさに意気軒昂《けんこう》であった。陸軍省軍務課の将校のコメントなども紹介されているが、その一人は院内での取材に応じたらしく、議場に座っている浜田を指さして、「そのゼスチュア、語勢によって陸軍大臣を侮辱し、演壇にあっては大見得をきっている。浜田への賛成的拍手などを見ても、こういう議会と庶政一新の諸政策を議すことなどはできない」と言っている。

もともとは軍内の対立で起こった二・二六事件を逆手にとって、政治家たちに威圧を加えているのだ。陸軍省軍務課将校の話はあまりにも得手勝手であったが、政治家も言論人も、そのことに気づいていながら表だって批判する者は少なかった。

広田が閣僚全員の辞表をもって宮中に参内したのは、一月二十三日の午後四時であった。内大臣秘書官長の木戸幸一《こういち》*10がその辞表を見たときの驚きを自らの日記（『木戸幸一日記』）に書きのこしている。首相の辞表には、退陣の理由として「近時の政情は微力其《そ》の任に堪へず」と書かれていた。木戸は続けて「陸軍大臣の分のみは他の閣僚と異り、近時の政情は自己の信念と相容《あいい》れざるものあり、軍の統督を誤るの懼《おそ》れありとの意味を記せり。日附も一日前の二十二日なり」と書いている。ここにある「近時の政情」とは浜田のハラキリ問答によってつくられた政治情勢という意味である。

寺内が天皇に示した辞任の理由は、現下の政情は陸軍大臣の信条に反する、これでは陸軍を指揮監督することはできない、との意味で遠回しに不祥事が起こるかもしれないとの脅しも含んでいる。たしかに天皇を脅している内容ともいえた。他の閣僚が広田と同じであるだけに、寺内の辞職理由に木戸は不気味さを感じたのであろう。加えて、しかも内閣が総辞職を決定した前日の日附を書き、あたかも自分たちが内閣の生殺与奪《せいさつよだつ》の権利をにぎっているかのような脅しぶりであった。

国会は〝そこにあるだけ〟の存在に

平成十八年二月二十二日、わたしは毎日新聞社のAさんや案内役をつとめてくれた国会議事堂の職員の人たちと赤じゅうたんの上を歩きながら、広田弘毅という首相をなんども思いだした。首相が国会内を歩くときも衛視やSPが何人もその周囲を取り囲むようだが、広田のときはどうだったのだろうか。院内では広田は記者たちの質問には一切答えなかったと当時の新聞は報じている。

広田は浜田演説のあとは大臣室に閉じこもって打ち合わせをしたと報じられているが、ときどき廊下に出てきたときの表情は、「や、蒼《あお》ざめた面、ニコリともせぬ口許《くちもと》」といい、参内のために国会から出て行くときは「院内の空気が異常に振動する」とも書かれている。広田首相は院内のどの廊下を通って中央玄関にでて、そこから宮中まで車で行ったのだろうか、むろん今はその廊下がどこかなどわからない。

なぜわたしはそのことにこだわるかというと、この総辞職から九年後に広田は東京裁判でA級戦犯として訴追され、昭和二十三年十一月十二日には文官ではただひとり絞首刑を宣告されてしまうのだ。法廷では広田は一切弁明せず、「侵略政策の確立者」「武力外交の信奉者」というレッテルにも無視するかのような態度をとりつづけた。

その広田が絞首刑になった理由は、二・二六事件のあとに組閣をして、国策を軍部寄りに導いたということ、ハラキリ問答から六カ月ほどあとに始まった日中戦争で、近衛内閣の外相として軍部の政策を黙認したことなどが挙げられていた。わずか十一カ月の首相としての責任もまた問われたのである。

衆議院本会議場の傍聴席に座りながら、およそ七十年前の新議事堂が完成してほどない本会議場を思いだしてみると、大臣席には広田がいて、寺内がいて、外相の有田八郎がいて、蔵相の馬場鍈一《えいいち》[*11]、海相の永野修身らが顔を並べる光景が浮かんでくる。演壇には浜田国松が弁じている光景まで浮かぶ。ああ昭和十年代の国会はこの浜田演説のあと徐々に死んでいったのか、広田は東京裁判でそのことを問われたのか、などと思い至る。

このときから歴史の歯車は日中戦争、太平洋戦争への道を刻むのであったが、その間国会はなにひとつ政策を決めることはできなかった。昭和十五年には政党がわれ先にと解散していき、そして大政翼賛会運動に組みこまれていくのだ。国会は単に〝そこにある〟程度の意味しかもたなくなる屈辱を味わう。今の時代からは考えられない状態となるのだ。すべてはベテラン議員の演説に怒った陸軍の専横さから出発していたのである。

天皇を神格化しながら軽んずる陸軍

広田が辞職したあと、次期首班として大命降下を受けたのは陸軍の長老的存在の宇垣一成《かずしげ》であった。昭和十一年夏に五年間の朝鮮総督生活から身を退いたあと、伊豆に居を定め、自らが政治の中心に出る機会を待っていた。軍人出身にしては政党政治家と肌が合うタイプで、朝鮮総督になったのも民政党からの推薦があったからだった。大正末期から昭和の初めにかけて五年間も民政党内閣で陸軍大臣を務めた。

政治評論家の馬場恒吾《つねご》が、昭和十二年一月にハラキリ問答から稿を起こして政党政治が潰れることへの警鐘《けいしょう》の一文を書いている（『日独協定政変を起す』）。それによると、宇垣は

「政党政治に理解を有す。かれが陸軍大臣のときは日本にある二十一ヶ師団の内四ヶ師団を廃して軍縮を断行した。一九三〇年の倫敦《ロンドン》軍縮条約を成立せしめる時に際し、かれは時の民政党内閣の首相浜口雄幸《おさち》を助けた」と書いたうえで、どうも陸軍内部には「われ〳〵の知られざる事情」が存在するようだとして、軍事指導者たちは宇垣内閣ができれば陸軍の意思を無視して、宇垣は議会と政党との接近を画策すると考えているらしいと分析している。

事態が進行している段階で、さしあたり宇垣が首相になれば「日本のファシズムは停止し、議会政治の順当な発展を可能ならしめると思ふからである」と書いて、馬場は筆を止めている。

昭和史の年表を見てみればわかるが、ほとんどが「宇垣一成に組閣の大命下る　陸軍首脳部は組閣反対の意向表明」（『昭和』講談社版）と書かれている。なにがあっても宇垣を首相にはしない、それが陸軍指導部の政治将校たちの総意であった。

考えてみればわかるのだが、当時、陸軍（海軍もといっていいが）の軍人は口を開けば「われわれは陛下の軍隊である。陛下に忠誠を誓うことが軍人の本分である」と言って、天皇を神格化することに努めていた。それなのに天皇が組閣を命じた首相を、気にいらないと認めない。実際に宇垣内閣に陸軍大臣を推薦しない。たとえ宇垣が直接に現役武官に陸相就任を要請したところで当人は固辞する。つまり陸軍の首脳たち、たとえば寺内寿一や梅津美治郎、それに軍務局長の磯谷廉介、それに中堅将校は圧力をかけて固辞の姿勢を崩させない。

これが二・二六事件のあとに、陸軍がさりげなく復活させた「陸海軍大臣現役武官制」だったのだ。浜田がハラキリ問答の折に、こっそりと見えないように復活させた危険な制度と批判したが、それがすぐに使われた。

一月二十九日夜、宇垣は八方手を尽くして組閣を試みようとしていたが、陸軍首脳部（それはいずれも宇垣の後輩にあたる軍人たちだ）の反対で組閣をあきらめるとの声明文を発表した。記者たちを前に声明を読みあげる宇垣は、声をふるわせていたというのが当時の政治記者の証言である。

『西園寺公と政局』によるなら、宇垣は天皇の前に進み出て「到底自分の不徳の致すところで今日大命を果すことはできないとお詫《わび》を申上げて御辞退した」という。それに対し、「陛下は非常に宇垣大将に同情せられて、拝謁の場合にも非常に懇《ねんご》ろなお言葉を賜《たま》はつたさうだ」と書きのこしている。

「議会解体」という〝第二の二・二六〟

こうして見てくると、浜田国松のハラキリ問答をきっかけに、軍部が何を意図していたかが明らかになる。自分たちの思うように内閣をつくり、議会を骨抜きにし、そして軍事政策を前面に打ちだしてこの国を一気に軍事主導国家につくり変えてしまおうとしていたことになる。自分たちの内閣をつくる一里塚として、まずは近衛文麿に登場を求めていたというのが、昭和史の流れを見ていくとわかってくる。

宇垣内閣が潰れたあと、実際に陸軍大将の林銑十郎《せんじゅうろう》を首班とする内閣ができあがった。昭和十二年二月二日である。ところがこの林首相はまったく政治力がなく、陸軍に都合のいい昭和十二年度の予算（総予算の五〇・一％が軍事費）をつくったあとに突然議会を解散している。世間では「食い逃げ解散」と評した。わずか四カ月の内閣であった。そのあとに第一次近衛内閣ができている。渋る近衛は、天皇や西園寺公望らからは陸軍を抑えることができるだろうと期待され、軍部からは政党内閣でないという理由で歓迎されたのである。

そして昭和十二年七月七日に盧溝橋《ろこうきょう》での日本軍と中国軍の衝突を機に、日中戦争へと発展していく。陸軍はまったくやりたい放題というのが二・二六事件後の昭和という舞台であからさまになっていく。まさに二・二六事件は二度起こったといっていい。一度は青年将校による血なまぐさい事件、そしてもうひとつはそれを利用した陸軍の首脳や政治将校による議会解体のクーデターだったのだ。

わたしは国会の中を――小泉首相と前原民主党代表の党首討論の行われる日に――歩き

回りながら、根拠のないメール文を手に質問に立った議員が「あなたは恥を知りなさい」とつめよったその威勢のいい質問風景を思いださずにはいられなかった。昭和十二年一月の新議事堂では、背筋の通った議員が軍部を批判していたのにその曽孫《ひまご》にあたる世代の議員は、信念のかわりに売名まがいの質問によって国会を解体しているのだ。国会を死なせようとしているといってもよかった。

国会議事堂が完成して七十年になりつつあるとき、その空間は歴史に背を向けているのではないか、との思いがしてくる。次の時代の人々に、二十一世紀に入ってあのころの議会は自らを殺《あや》める方向に向かっていたといわれるのではないか。

つけ加えておけば、浜田国松は日中戦争で日本軍が泥沼状態に入っている昭和十四年九月六日、国会に出席するため自宅で着替え中に突然脳溢血で倒れ死亡した。その死はたしかに象徴的な意味をもっていたというべきだろう。

＊10木戸幸一
明治二十二〜昭和五十二年。侯爵。木戸孝允の孫。昭和十五年に内大臣となり、東條内閣成立を画策した。太平洋戦争末期には終戦工作に取り組んだ。戦後、A級戦犯として極東国際軍事裁判で終身刑となったが、病気のため出獄した。

＊11馬場鍈一

明治十二～昭和十二年。官僚・政治家。二・二六事件後に成立した広田弘毅内閣で大蔵大臣となり、前任の高橋是清がすすめた緊縮財政を破棄し、軍部が主張する軍事費の増大をはたすために公債の増発と増税を断行した。

斎藤隆夫の〝反軍演説〟

浜田国松の〝ハラキリ問答〟から三年、日中戦争はすでに泥沼の様相を呈していた。際限なく膨張を続ける軍事費。軍部を恐れ、ひたすら迎合する議会。国会は既に死んだのか。その時、一人の老政治家が、勇気を奮い、軍に異を唱えた。斎藤隆夫の有名な〝反軍演説〟である。

昭和十五（一九四〇）年二月二日、政友会の浜田国松と陸相の寺内寿一がハラキリ問答を交わしてからほぼ三年後のことである。

やはり衆議院の本会議場でのことだ。午後三時に演壇に立ったのは民政党の斎藤隆夫《たかお》である。斎藤は五尺ほどの小柄なタイプで、しかも青年期にろく膜炎でろっ骨を七本抜いていたので、その外見は弱々しく見える。全身に力を入れて話すのだが、演説の一節一節ごとに上半身が揺れる。

だがその風貌とは別に演説の内容には筋が通っていた。大正元（一九一二）年に立憲国民党から当選して、以来この年までほぼ三十年近くの政治家生活を続けている。憲政擁護ということでは芯の通った発言をする政治家でもあった。二・二六事件後の昭和十一年五月七日の本会議では、軍人が政治に関わるというのは言語道断であり、武力で自己の主張を貫こうとするのは「立憲政治の破滅は言うに及ばず、国家動乱、武人専制の端を開くものでありますから、軍人の政治運動は断じて厳禁せねばならないのです」と批判していた。これは旧議事堂での政党人からの最後の忠告ともいえた。斎藤のこうした発言が、新議事堂での浜田国松の軍部批判につながっていったということができた。

さらに昭和十三年には国家総動員法（国内の人的・物的資源を戦争遂行に向けて政府が統制運用する目的で制定）への反対演説を行って、軍部を怒らせていたが、そのことはこの六十八歳の政党政治家に国民の反軍部という感情が託されてもいたのである。当時の新聞によると、この日斎藤が質問するとあって傍聴席は満員だったという。斎藤は米内光政《よないみつまさ》首相の施政演説に対する代表質問を行うと決まってからは、自らの演説草稿をなんども書き直してはこの日を待っていた。斎藤はこの時期の「軍部横暴」の政治情勢をなんとも許せなかったのだ。

わたしは、斎藤の反軍演説に際しての本会議場の様子を撮影した一枚の写真がずっと気にかかっていた。これは傍聴席の右側から新聞社のカメラマンが、議場の中と傍聴席の左側を写しているのだが、実にはっきりと議場に座っている議員たち、そして傍聴席にあふれる人の姿が見える。拡大鏡を使えば議員の表情も実によくわかる。傍聴席の後方は着席できずに、立って議場を見つめている人たちであふれている。なかには軍服姿の者が見えるから、軍人たちも傍聴にかけつけていたのだろう。

議場に座っている議員は年齢も高く、そして一様に真剣な眼差《まなざ》しで演壇の斎藤を見ている。幾分表情の硬い者、笑顔の者、腕組みをして天井を仰いでいる者、なかには顔を伏せているのでは……と思われる者もいる。とにかく昭和十五年の、いわば日中戦争が始まってから二年半の日本の選良たちの縮図がここにはあると思えるのだ。

聖戦の名の下、国民軽視の実態を批判

演壇に斎藤が立っただけで、議場も傍聴席も静まりかえった、と当時の新聞は伝えている。演説草稿の最初には次のようにある（演説内容はすべて斎藤隆夫『回顧七十年』からの引用）。

「支那事変が勃発しましてからすでに二年有半を過ぎまして、内外の情勢はますます重大を加えているのであります。このときに当りまして一月十四日、しかも議会開会後におきまして、阿部（信行）内閣が辞職して、現内閣が成立し、組閣二週間の後において初めてこの議会に臨まるることに相成ったのであります。総理大臣をはじめとして、閣僚諸君のご苦心を十分にお察しするとともに、国家のために切にご健在を祈る者であります」

これは議会演説での慣用的な表現なのだろうが、斎藤も初めはこうした儀礼から始めて

いる。しかしその内容は時間を追うごとに激しい軍部批判にと変わっていった。斎藤のこの演説（代表質問ということだが）は一時間三十分続いた。草稿の文字数はおよそ一万五千字、四百字詰め原稿用紙に換算すると四十枚近くにもなる。質問時間はこのころにしては異例の長さであった。

斎藤のこの演説は、日中戦争が始まって二年半がすぎたのに、陸軍はひたすら聖戦と称して、国民が疲弊している状態にあることを知ろうともせず、戦争継続のみに走り政党政治を解体せしめるかのような動きを示していると真正面から批判した内容であった。一時間半の間、議場や傍聴席にはさまざまな反応があった。議場では斎藤の反軍に類する表現に激高《げっこう》して、「やめろ、やめろ」とか「要点を言え」といった罵声も浴びせられる反面、斎藤のかん高い声が反軍部的な意味をこめて政府批判に及ぶと拍手が鳴りやまぬときもあった。まったく議場が二分される形にもなった。斎藤の演説の中からその重要部分を抜きだしてみると、以下のようになる。とにかく冒頭から「支那事変」を批判していき、そして次のようにも言う。

「まず第一に我々が支那事変の処理を考うるに当りましては、寸時も忘れてならぬものがあるのであります。（略）この間におきまして我が国民が払いたるところの犠牲、即ち遠くは海を越えてかの地に転戦するところの百万、二百万の将兵諸士を初めとして、近くはこれを後援するところの国民が払いたる生命、自由、財産その他一切の犠牲は、この壇上におきまして如何なる人の口舌をもってするも、その万分の一をも尽すことは出来ないのであります。（拍手）」

「支那事変のためにどれだけ日本の国費を費やしたかということは私はよく分りませぬ。しかしながらただ軍備として我々がこの議会において協賛を致しましたものだけでも、今年度までに約百二十億円、来年度の軍備を合算致しまするとと約百七十億円、これから先どれだけの額に上るかは分らない。二百億になるか三百億になるか、それ以上になるか一切分らない。それらの軍費については一厘一毛といえども支那から取ることは出来ない。ことごとく日本国民の負担となる。日本国民の将来を苦しめるに相違ない」

こういった表現が演説の前半部には多く、軍部は「聖戦」の名のもとに国民のことなどこれっぽっちも考えていないという内容だ。そして演説は後半に移っていく。自らの文明論や時局認識を具体的に明かしながら、日本の現下の情勢は何の展望もないままにただ日常の枠組みの中で「支那事変」をつづけているだけではないかと論点がしだいにしぼられてくる。斎藤の演説半ばでは速記録によると、〈「もう宜《よろし》い」「要点要点」と叫び、その他発言する者多し〉とあるし、小山松寿《しょうじゅ》＊12議長が何回もくり返す「静粛に願います」という語が速記録には記録されている。

わたしが気になる一枚の写真、斎藤のこの演説がどのように受けとめられたかを示しているこの写真は議場内でも怒声や罵声、さらには立ちあがって演壇に近づいて野次を浴びせる議員の姿は写っていない。しかし傍聴人のなかには耳に手をあて、うなずいていると思われる者もいる。

斎藤がもっとも言いたかったこと

演説はしだいに佳境に入る。日中戦争に対する斎藤の見解のなかにはこの期の日本政府の方針と軌《き》を一にしている部分も窺《うかが》えるが、「この事変の目的はどこにあるかということすらまだ普く国民の間には徹底しておらないようである。（「ヒヤヒヤ」、拍手）」と言ったあと、次のように続けている。

「いつぞやある有名な老政治家が、演説会場において聴衆に向って今度の戦争の目的は分らない、何のために戦争をしているのであるか自分には分らない、諸君は分っているか、分っているならば聴かしてくれと言うたところが、満場の聴衆一人として答える者がなかったというのである。（笑声）」

こうした表現に軍部や親軍派の議員は激怒したのであろう。これが伏線となっている。

斎藤は一段と声を張りあげて、戦争で命を失う者がいる反面、この戦争による戦時経済の恩恵を受けて富裕な生活をしている者もいると指摘する。そして斎藤がもっとも言いたかったのは次の点ではないか。

「国民に向って緊張せよ、忍耐せよと迫る。国民は緊張するに相違ない。忍耐するに相違ない。しかしながら国民に向って犠牲を要求するばかりが政府の能事ではない。（拍手）これと同時に政府自身においても真剣になり、真面目になって、もって国事に当らねばならぬのではありませぬか。（「ヒヤヒヤ」拍手）しかるに歴代の政府は何をなしたか。事変以来歴代の政府は何をなしたか。（「政党は何をした」「黙って聞け」と叫ぶ者あり）二年有半の間において三たび内閣が辞職をする。政局の安定すら得られない」

聖戦の名を掲げる政府と軍部の国民軽視の実態を鋭く突いていた。とくに斎藤は、政治家がこうした現状に目をつぶることに強い警告も発していた。「国家百年の大計を誤るようなことがありましたならば、これは現在の政治家は死してもその罪を亡ぼすことはできない」と自戒をこめて語ったのである。

軍部を恐れて右往左往する議員たち

一時間半に及ぶ演説の中で、奇妙な動きをしたのは小山松寿議長であった。この議長は、民政党出身であったが、斎藤の演説が、とくにその後半部分は軍部だけでなく政党をも怒らせるだろうと判断した節がある。小山は議長席でしきりにメモをとっていたが、そのメモの一枚を書記官に渡している。そこには「聖戦の美名……」以下は削除すべきである旨が記されていた。

斎藤の質問が終わり、米内首相が短い答弁を行ってこの日は散会になった。ところが傍聴席でこの演説を聞いていた陸軍省軍務局長の武藤章《あきら》＊13や軍務課の将校たちが、「斎藤の演説は支那事変の聖戦目的への侮辱であり、十万英霊への冒瀆《ぼうとく》である」と批判を始めた。国会内で新聞記者へそのような怒りが激しい口調で伝えられた。政党からもこれに呼応するグループが生まれた。政友会の親軍派グループ、時局同志会、そして社会大衆党の一派などがすぐにこれに呼応した。それぞれこの日の夜には声明を発表して、斎藤や民政党を批判したのである。

なにより小山議長は、民政党幹部と相談して二日の夜には、「とくに後半部分は不穏当である」として速記録から後半のすべてを削除する処置を採った。軍部や親軍派の怒りを鎮めようとしたのだ。

議長は議長室に戻ってもこの日の夜は打ち合わせに忙しかったらしい。一刻も早く速記録から削ってしまおうと、ひたすら各方面との調整に入っていた。軍部の政治将校たちから速記録から削るように要求されて焦ったのだ。

わたしはこの平成十八年の二月に国会内を歩きながら、本会議場の議長席につながる扉の前に立ったときに、白髪に口ひげをたくわえた小山議長は脅《おび》えながら議長室に戻ったのではないかと想像した。議場の扉をあけて、議長室まではそれこそ十歩ほどの距離で戻ることができる。その議長室の隣には議長専用の応接室があるが、六十六年近くも前、老いた議長は逃げこむように自らの室に入り、頭をかかえこんだように思う。

その心情をわたしなりに想像するなら、「まったく斎藤君も困ったことをしてくれる。なにもここまであからさまに軍部を非難しなくてもいいのに……」とつぶやきがあったのではなかったか。いやそれは小山だけでなく、議場にいた多くの議員の心情だったようにも思う。実際に、斎藤は「除名」への道を歩かされるからだ。

議場の蔭になっていて表には見えない議長室とその応接室は、この日の夜に限っていえば、軍部を恐れて善後策を打ち合わせる議員たちであふれたように思う。陸軍の政治将校を代表する武藤章[*14]や各政党の親軍派議員は、斎藤を懲罰委員会にかけるよう要求してきたからだ。

＊12小山松寿
明治九～昭和三十四年。政治家。明治三十九年より名古屋新聞の経営に乗り出すとともに名古屋市議として政界にも進出。大正四年に衆議院議員に初当選。昭和十二年から十六年まで衆議院議長を務めた。

＊13武藤章
明治二十五～昭和二十三年。陸軍統制派の主要メンバーとなり、一時は東條英機の腹心といわ

れた。関東軍参謀、参謀本部作戦課長、軍務局長などを歴任。戦後、A級戦犯として処刑された。陸軍中将。

＊14 懲罰委員会
大日本帝国憲法下では、議院法第九十五条の規定により開かれた。懲罰事犯があった際、議長は懲罰委員会に審査させ、議院の議決を経て懲罰を宣告する。懲罰には、公開の議場での譴責、公開の議場での謝罪表明、議会への出席停止、除名の四段階があった。

斎藤隆夫を見捨てる議員たち

斎藤隆夫の〝反軍演説〟に、軍部は「聖戦を冒瀆し、英霊の名誉を汚すもの」と激昂する。新聞は「失言」と報じ、軍部に迎合する議員は、同僚である斎藤を、民政党離党、懲罰動議、そして除名へと追い詰めてゆく。

斎藤隆夫の質問演説は、「反軍演説」として歴史に刻まれることになったが、昭和十五(一九四〇)年当時、陸軍の政治軍人を怒らせたのはどの点にあったのだろうか。改めてこの演説の内容を吟味すると、むろん個々に彼らを刺激する表現は幾つかあるにせよ、真に怒った原因は別なところにあったように思う。

本会議場の演壇で一時間半にわたって、執拗に軍部を責めたてた演説の姿勢にあったのだろう。軍部は中国に対して何の政略ももたずに戦争をしていること、それゆえに犠牲ばかりがでていること、そして国内にあっては内閣を入れ替えることに熱心なこと、この戦争の処理に議会の意思がまったく反映されていないこと、を次々と矢を放つようにくり返していく。その揺るぎない態度。そしてこれがすべて的を射ていることに陸軍の軍人たちは苛立ったのだろう。

このころ（昭和十五年二月）、日中戦争はまったく動きのとれない状況だった。たしかに日本軍は中国各地で軍事的な制圧地域はふやしている。蔣介石《しょうかいせき》政府は重慶にあって、政権そのものが弱まっているかに見える。しかし広大な国土、膨大な人口を背景に自らの国が日本軍によって蹂躙《じゅうりん》されているという屈辱感、火がついたように広まっている抗日運動、日本はまさに泥沼に入った状態だった。そこからどうやって抜けだすか。陸軍の政治将校たちは実は困惑していたのだ。

陸軍省軍務局長の武藤章を中心とする政治将校は、つまりはひたすら直進的に進む道を選んでいた。その軍事主導の冒険主義が斎藤にたしなめられたのである。

「聖戦を冒瀆するのか。英霊に申しわけないではないか」

という彼らの言が、二月二日の夕方から夜にかけて院内で親軍派の議員に伝えられた。斎藤の所属する民政党のなかからも速記録からの部分的削除を要求してくる声があがった。

当時の新聞をめくってみると、たとえば「斎藤氏質問中に失言」という見出しが目につくが、「失言問題を惹き起した斎藤隆夫氏」というように、あくまでも失言、暴言という理解で押しとおそうとしていた。理にかなった論が検閲を恐れて「失言」というレッテルの貼られる時代に入っていたのだ。

二日の夜からの動きにふれると、斎藤は院内でのあまりの批判の強さに驚いたらしい。

小山松寿議長や党幹部から、速記録からの後半部分削除に至るプロセスを聞かされて諒承している。そして東京・北品川の自宅にすぐに戻っている。三日の朝早く、民政党のふたりの議員が斎藤の自宅を訪れている。離党の説得である。俵孫一《たわらまごいち》*15と小泉又次郎《またじろう》*16は民政党の長老で、この際離党して謹慎の意を示したほうがよいと勧めるのであった。斎藤もそれに応じている。

そして正午から開かれた民政党の緊急総務会に出席して発言を求めている。この総務会には新聞記者も傍聴していて、発言内容のすべてが報じられている。斎藤は次のように述べている。

「自分は聖戦の目的は帝国議会開会の召集の時の詔書《しょうしょ》にもあり、歴代政府の声明した所によっても判明しているので、その目的声明に沿うように議員としてその職責を果たすため日夜努力して来たが、二日の質問演説中に二、三個所自分の不用意から措辞その他に大方の誤解を招くことになったのは自分の不徳の致す所で誠に遺憾至極である。そのために党並びに同志各位に迷惑をかけたことは残念である。ついてはこの際自分は離党してその責を負いたいと思う」

斎藤にすれば、内心では離党は望むところ、こんな議会ではまっとうな論議もできないではないか、との思いがあったかもしれない。むろんそんなことは口にだせないが、離党に至るまでのプロセスにはどこか冷めたところが窺《うかが》える。実際に斎藤は衆議院事務局ですぐに離党の手続きを行っている。

ハラキリ問答から三年、一変した議会

国会の内部を歩きながら、わたしは案内役の職員に「民政党の控室はどこだったのですか」と尋ねてみた。その室がわかるなら覗《のぞ》いてみたかった。そこで斎藤はどのような心境で同僚議員たちに、「同志各位に迷惑をかけた」と謝ったのだろう、その姿を同じ空間で確認してみたかったのだ。

「さあ、今となってはわかりません。六十五年以上も前のことですからね。やはり民政党、政友会は二大政党ですから、大きな室をつかっていたとは思いますが……」

と職員氏に言われ、うなずかざるを得なかった。言論の中心地であるべき議会の中で、軍部を怒らせたからといってなぜ離党しなければならなかったのか、すでにこのときには国会はより深い傷を負って沈んでいく時代に入っていたのかもしれない。三年前の浜田国松のハラキリ問答のときは、まだ議員たちはこぞってよこしまな軍部の介入に抵抗した。浜田を孤立させなかった。

ところがどうだろう。三年を経ると、議員たちは排除に動いている。それほどまで陸軍省軍務局の政治将校たちは議員を自在に操れる状態になっていたのだろうか。院内を歩き

回る軍服姿の将校たちを恐れる空気が広まっていたのだろうか。

わたしは毎日新聞社のAさんと、「赤じゅうたんと軍靴《ぐんか》、そんな時代の苦しさは今の国会の中にどう伝わっているのだろう」と話し合いながら、改めて赤じゅうたんに靴をこすりつけてみた。確かに赤じゅうたんにはチリひとつなく、靴を通して感じられる感触はやわらか味のあるものだった。ただ軍靴で歩いたら赤じゅうたんも擦れるような音がするのかもしれない。

もし軍靴で歩いたら赤じゅうたんの傷み方は激しいだろうな、とわたしたちは囁《ささや》きあった。政治将校たちが院内を歩くようになって赤じゅうたんの傷み方がどれほど激しくなったのだろう、そんな統計がないか、わたしは知りたくなった。だがそういう統計などむろんあるわけではなかった。

斎藤は離党したあと、民政党の控室に入るわけにはいかない。どこの室に入っていたのだろうか。その小柄な身体はしだいに軍部批判の発言を封じこめ、院内でもより身を縮めて、そして同志たちからもうとんじられていったのだろうか。

三日の午後の衆議院本会議では、畑俊六《はたしゅんろく》*17陸相が斎藤への反駁《はんばく》演説を行った。大方、軍務局の政治将校が書いた草稿を読みあげたといったほうがあたっているのだろうが、聖戦を冒瀆することは許されぬという軍の立場をただ感情的に並べたてたもので、国難のもと国論を一致させなければならないときに、斎藤演説はその方向に水をさすようなものだとの言い分であった。議会には拍手が多かったわけではなく、かといって野次をとばすというのでもなかった。

傍聴席には陸軍省軍務局の内政班の将校が座っていただろう。畑の演説にどの議員が拍手をし、どの議員が冷たい態度をとっているか、メモをつくりあげていたのではないだろうか。

実際に、斎藤の質問演説は軍部を怒らせているとの空気は、反民政党の党派にとっては格好の援軍となった。「懲罰委員会にかけろ」とか「斎藤を除名しろ」の声を次々と小山議長に届けたのである。

この空気を受ける形で、小山議長は三日夜になって斎藤を懲罰委員会にかけることを決定した。除名の前段階という意味があった。

「国民の共鳴」を受けたゆえの弾圧

斎藤が懲罰委員会に出席して自らの意見を述べたのは二月二十四日のことである。この日斎藤は懲罰委員会の開かれる前に、院内の議長応接室で中井一夫懲罰委員長と会っている。中井は斎藤に対して、「あなたの演説が不適当だというので議長の職権によって懲罰委員会にかけられた。除名に値するとして政党から七項目の理由をつけて除名処分の要求

ソファに座る当時の斎藤隆夫

がだされている。それについての質疑を行うことになる」と告げられた。斎藤は同僚議員らにより、追いだされることをはっきりと知らされたのだ。

議長応接室から無所属の議員控室に入って新聞記者の質問にこたえている。このときの斎藤発言を各紙とも詳しく伝えているのだが、この内容にわたしは当時の斎藤の心境がもっともよくあらわれていると思う。当時の新聞には憮然とした表情の斎藤が、議長応接室か無所属議員の控室かは判然とはしないが、書類の入った風呂敷を机に載せて写真部員の求めに応じて撮影したと思われる写真が掲載されている。たしかに孤影という感じがする。

斎藤は次のように語っているのだ。

「僕の質問は政府に聖戦の目的を説明する機会を与えてやったのだ。政府は堂々と所信を述べて僕の議論が誤っていたらこれを粉砕すればいいのだ。こんどの欧州戦争（保阪注・すでに前年九月一日にドイツがポーランドに侵攻し、第二次大戦が始まっていた）で（イギリスの）ロイド・ジョージは議会で反戦論をすら唱へたがチェンバレン（首相）は立ち所にこれを粉砕し、国民の向う所を明らかにしたではないか」

さらに次のように言っている。

「どうせ今度の事件は判決を元に決めて（保阪注・初めから除名を決めていて）後から理由をつけるのだ。司法裁判とは逆だから本会議で弁明しても仕方があるまい。今度の演説については、この前の粛軍演説（保阪注・昭和十一年の二・二六事件後の演説のこと）の倍以上に多くの激励の手紙が来ている。約一千百通に及んでいるよ。そのなかには出征兵士や戦死者の遺族が匿名で本当に国民の聞かんとする所を聞いてくれたと感謝しているものさえある」

三週間ほどの間に千百通もの手紙が寄せられたのだ。議会では多くの議員が軍部に迎合した発言を続けていくとき、斎藤の質問演説が国民の共鳴を受けたのは事実だったのだ。それゆえに陸軍省軍務局の政治将校たちは、斎藤の演説を恐れたのであろう。

「逃亡」より「正面から戦う」道を選ぶ

懲罰委員会でも斎藤はこうした自らの意見を隠さなかった。まるで軍の代弁のみを行う議員たちからの質問にも、自らの信念を崩さなかったのだ。そういう斎藤の態度に、各会派のなかにはますますいきりたつ者がふえ、除名処分にせよ、の声が議会内にあふれていった。

民政党の斎藤と親しい長老議員たちも、「ここに至っては君も国家的見地から自発的に議員辞職をしたらどうか」と説得にかかっている。除名では斎藤の議員生活に傷がついて終わることになるというのでもある。しかし斎藤は「自分の信念による演説なのだから、自分はあくまでもその所信に邁進するつもりだ」と譲らない。二十四日の懲罰委員会での弁明のあと、斎藤のもとには連日民政党の同僚議員が訪れるだけでなく、友人の財界人も訪れては説得している。誰もが辞任を勧告するのである。裏で軍部が手を回していたのだろうか。

斎藤はこうした説得に心が揺れ、いちどは辞任の意思もあることを同僚議員に洩らしている。するとたとえば、三月一日付の『東京朝日新聞』は、「除名必至の形勢中に斎藤氏辞任を決意す　一両日中に断行せん」と大見出しで報じている。たしかに斎藤は議会内からの圧力に疲労を覚えた節があった。しかし三日になって、辞任の意思を翻《ひるがえ》した。この間に何があったのかは不明なのだが、斎藤は議会より体《てい》よく「逃亡」するのではなく、「正面から戦う」道を選んだように思えるのだ。

米内内閣のある大臣は、政治評論家の馬場恒吾《つねご》に「このところ愚かな政策が行われるのはなぜか」と問われて、「いつかは壁につきあたる。それを言ってもわからない以上、一回壁にぶつかって初めてこれではいけないと気づく以外にない」と答えている。なぜ初めから壁にぶつからないとの智恵をもたないのかと馬場は自問し、「政治において素人が幅をきかすからだ」と自答している。素人とはむろん軍人たちのことだ。

この素人集団はまもなく議会政治を壊す運動を露骨に進めていく。斎藤を議会から追いだす手法を学びながらである。

＊15俵孫一
明治二～昭和十九年。官僚・政治家。大正十三年に憲政会から衆議院議員に初当選。以後、商工大臣、立憲民政党幹事長などを歴任。民政党の重鎮として活躍した。政治評論家・俵孝太郎は孫にあたる。

＊16小泉又次郎
慶應一～昭和二十六年。明治・大正・昭和期の政治家。明治四十一年に衆議院議員に初当選。憲政会、次いで立憲民政党に所属し、昭和四年から逓信大臣を務めた。全身に刺青があったことから「いれずみ大臣」の異名をもつ。娘婿の純也は防衛庁長官、孫の純一郎は総理大臣を務めた。

＊17畑俊六
明治十二～昭和三十七年。日露戦争に出征。参謀本部作戦班長、航空本部長ついで軍事参議官、教育総監なども歴任。昭和十四年、阿部信行内閣の陸軍大臣に就任。戦後、A級戦犯として終身禁固刑を受けるが二十九年に仮釈放となった。陸軍元帥。

斎藤隆夫〝除名〟と政党政治の終焉

斎藤の除名には、衆院出席者の三分の二の賛成が必要だった。斎藤の属する民政党も、政友会、社会大衆党もその対応を巡って、分裂状態に陥る。やがて「新体制」の名の下、政党は議会人自身の手によって終焉を迎えた。

斎藤隆夫は、先輩や同僚議員の説得をいれていちどは議員辞職を考えた。しかし、三月三日になってその意思を翻したのは、なぜなのか理由は判然としていなかった。当時の新聞報道によるなら、斎藤は民政党の親しい議員に正式に辞職を思いとどまったと決意を伝えたあとに、熱海に宿泊にでかけてしまった。

なぜ東京から逃避してしまうのか、と新聞記者に問われた折に、斎藤は「自分はこの際潔く辞職したいと考えたが、選挙区（兵庫県）の同志が強く自ら辞するが如きは思いとどまれと言い、自分も選挙民の意向に従うことが当然と考えたから辞職しないことに決めた」と答えている。実際に選挙区から斎藤の支持者たちが上京し、膝詰《ひざづ》め談判で「辞めてはいけない」と説得している。斎藤はそれを受けいれて、ひとまず東京の混乱から身をはなすことにしたのである。

　むろん斎藤のこの行動は反斎藤の政友会の議員を始めとして、議会内に斎藤への怒りを昂《たか》めることになった。もともと民政党内部にも町田忠治《ちゅうじ》[*18]総裁を中心に、反斎藤の気運があった。これはのちに明らかになるのだが、町田は、斎藤が党を代表して質問に立つと決めたあとに釘をさしていたのである。斎藤が東京をはなれたあとに町田周辺からは、斎藤を謗《そし》る情報が意図的にであろうが流されているのだ。

　それは町田が斎藤に対して、「支那事変処理に協力すること」と「近衛声明にふれぬこと」の二点を強く命じていたというのだ。近衛声明というのは第一次近衛内閣の時代に発せられた声明（昭和十三年）を指していて「善隣外交」や「東亜新秩序の建設」といった日本の外交方針の建前が盛られている。斎藤はそれなのにこういう建前など現実に行われている「支那事変の様相」を見れば画《え》に描いた餅みたいなものだという意味の内容を演説していた。

　こういった内幕も洩らされて、斎藤の立場を批判する政治家の発言が相次いで紹介されることになった。実際に、斎藤に対しては「無罪論」「登院停止論」「除名論」の三案があったが、民政党内部には登院停止論が多く、政友会中島派、時局同志会、社会大衆党の一部では除名論が大勢を占めていた。しかし除名は出席者の三分の二以上の賛成がなければ成立しない。一カ月以上も手間どりながら、その処分が決まらないのは議会のなかでは登院停止論が多かったからといわれるが、陸軍省軍務局の政治将校たちが除名の圧力をかけて裏側で多数派工作を行っていた節があった。

斎藤が熱海へ身を隠したのは、あるいは軍部からの執拗な辞職勧告があったからかもしれないし、斎藤の側も四日、五日と開かれる民政党の懲罰委員会の態度や議員総会を待ち、そして六日の懲罰委員会まで東京をはなれて様子を見ていようとの判断もあったのだろう。

だが結局これが町田総裁を始めとして民政党の反斎藤派を力づけることになった。五日の午後六時からの議員総会は、斎藤擁護の意見に対して、除名論を主張する議員もまた譲らなかった。翌六日の午前零時を回るまで論議は続いたが、ようやく党幹部と懲罰委員に一任すると決まった。このときの論戦の内容は速記もとっていないのでわからないが、斎藤への批判はほとんど「軍を無用に刺激した」とか「総裁の意向に反した」との意見だったと思われる。

町田を中心とする幹部と懲罰委員は、一任の意向を受けるやすぐに会議を開き、「除名」との党議を決めている。懲罰委員会もそれでまとまった。

こうした一連の動きを見ていると、国会内で、あるいは政党内で斎藤の除名をめぐる議員の発言や行動のなかには、憲政を守り抜くべきという意見と、緊急課題である「支那事変（聖戦）の完遂《かんすい》」のために軍に協力すべきという意見が対立していたことがわかる。

当時（昭和十四年暮れから十五年にかけて）、総合誌や新聞のなかにドイツやイタリアの議会を嗤《わら》う評論が掲載されていた。これらの国の議会はヒトラーやムッソリーニの演説に拍手するだけではないか、日本はまだ少しはましだ、政府にむかって議論するのだから、という論もあった（馬場恒吾「一人一枚のはがき」）。そして馬場は書いている。「議会に勇気がないのか、議員の素質が悪いのか、時勢がかうさしたのか、議会政治を大事に思へば、そこのところを今少しく突込んで考へなければならぬ」。ドイツやイタリアの議会を笑えぬ時代に、実は日本は入っていたのである。

斎藤除名は憲政擁護派追放への伏線

斎藤は熱海には一日だけ身を隠していたようだが、六日、七日には自宅にひきこもって議会の様子を窺っていた。七日の衆議院本会議で懲罰委員会の決定が議決にかけられる。自宅で様子を窺うといってもテレビがあるわけではなく、衆議院の事務局からの連絡を待っているといった状態である。すでに除名は覚悟していて、親しい新聞記者に、「二月二十四日の懲罰委員会で言いたいことは言っておいた。まあゆっくり一年静養して次の衆議院選挙で出直してくる。選挙民は立候補しないことを許してはくれないのだ」と洩らしている。

陸軍は昭和十四（一九三九）年八月のノモンハン事件での〝敗戦〟にいささかあわてて

いた。さらにこの年（昭和十五年）一月に日米通商航海条約が失効していた。日中戦争に不快感を示すアメリカからの反撃であった。こうした情勢に陸軍内部にも、中国から兵力撤退を進め、戦線を縮小していかなければ日本は国際的にも軍事的にも孤立するとの意見があった。だがそういう声はすぐに潰され、「聖戦完遂」「対米英強硬外交」と大声で叫ぶ将校が軍内の主導権をにぎっていた。

加えてこの年は皇紀二千六百年ということで、神格化した天皇への帰依《きえ》の精神状態を、陸軍を中心とする勢力は意図的に演出した。軍人にとってはまさに軍人勅諭の具現者たる自分たちの存在こそ、この国の要《かなめ》であるとの自負が公然と囁かれた。

斎藤の除名は軍人とそれに呼応する政治家との間で進められた国会解体の運動だったことがすぐに明らかになるが、除名の気運を盛りあげることで憲政擁護の政治家を追放する伏線でもあったのだ。

もしわたしが昭和十五年のこのころに、新聞記者として国会に詰めていたらどのような態度をとっただろうか。平成十八年二月の国会のなかを歩きながらそういう想像をしてみた。わたしが国会内を歩いた日の午前、午後の党首討論に備えて、記者たちはそこかしこでひとつの輪をつくり、委員会の終わるのを待っていたり、議員たちを取り囲んでいたりした。もし今が昭和十五年三月だったらと思うと、あるいは国会内を歩き回っている軍服姿の政治将校を取り囲みながら、「軍は斎藤氏にどのような懲罰が必要と考えているのか」

と質問したりもするだろう。

「この非常時に軍の足を引っぱるが如き態度は我々のもっとも許せざる行為だ」とか「陛下の」といって軍靴を揃えて気をつけの姿勢になり、「忠良なる軍への批判、中傷は断じて許さない」などという答えが大声で返ってきて、内心では、もし記者であるわたしも鼻白むのではないかと思う。だがそれを表情にはださないだろう。軍服姿や軍靴そのものが言論の府では暴力だからである。

同時にそういう軍人批判の記事を書けば、内務省の検閲に類する監視によって発禁の処置を受けかねないと恐れて自粛しただろう。軍部がどういう策で政治家を操り、軍事費を拡大させているかなど書くわけもなかっただろう。斎藤問題を報じる当時の新聞には、軍部の動きがただの一行も書かれていないところにその恐怖が垣間見《かいまみ》えるのである。

昭和十五年と平成十八年、国会のなかを歩き回る記者たちは祖父と孫の関係になるかもしれない。ときに先達《せんだつ》の苦悩の姿を思い起こすのも必要なのかもしれない、とわたしは考えた。

各会派は分裂、親軍派は公然と台頭

昭和十五年三月七日午後一時、衆議院本会議が開かれた。懲罰委員会の決定に対する記名投票が行われ、賛成が二九六、反対七、棄権一四四で除名が決まった。三分の二を辛《かろ》うじて超えたのである。反対した七人は、岡崎久次郎《きゅうじろう》（民政党を離党）、牧野良三《りょうぞう》（政友会主流派）、芦田均《ひとし》（同）、名川侃市《かんいち》（同）、宮脇長吉《ちょうきち》（同）、丸山弁三郎《べんざぶろう》（同）、北浦圭太郎《けいたろう》（第一議員倶楽部）である。除名反対の態度を明らかにして欠席した議員は社会大衆党に多かったのだが、安部磯雄《いそお》、片山哲《てつ》、西尾末広《すえひろ》、水谷長三郎《ちょうざぶろう》、鈴木文治《ぶんじ》、米窪満亮《みつすけ》、冨吉栄二《えいじ》、松永義雄《よしお》、松本治一郎《じいちろう》、岡崎憲《けん》の十人であった。

　さしあたり七人の反対議員は自らの信念を貫いたという意味では記憶されるべき議会人といえるのかもしれない。

　この除名をめぐる賛否の投票でそれぞれの会派は混乱状態になった。内部の対立、不信が高まり、分裂状態になっていき、五人の反対者をだした政友会は主流派に対してどのような処分を下すか意見が分かれた。鳩山（一郎《いちろう》）派と久原《くはら》（房之助《ふさのすけ》）派が対立して分裂状態になっていった。社会大衆党は前述のように党首の安部磯雄を始めとして十人のグループが欠席したわけだが、安部と松本を除いては除名となった。しかし安部は自ら離党を発表し、他の八人とともに行動を共にすることを明らかにした。松本もこれに従った。

安部や片山、そして松本らは新たに総同盟の支持のもとに勤労国民党を結成しようと図ったが、階級政党は認められないとの内務省の判断で結社は禁止された。

斎藤除名の旗振り役だった政友会革新派、時局同志会はこれを機に政友会の一部、社会大衆党麻生派、第一議員倶楽部や民政党の一部を抱きこんで新しい党派をつくった。それが三月二十五日に有志議員百人余で発足した聖戦貫徹議員連盟である。まさに文字どおり親軍派の政党であった。全政党の解散と聖戦貫徹を掲げて公然と名のりをあげたという言い方もできた。

自ら政党政治終わらせた議員たち

中谷武世《なかたにたけよ》の『戦時議会史』（一九七四年刊）には、斎藤除名問題は、「議員自ら議会の権威と議員の信用を失墜し、政党自ら政党の没落を促進する結果となったのである。このことは戦後の今日に於《お》ける政党と政党人に対しても大きな教訓を含んでいるといわなければならない」と書いている。中谷はその後の戦時下の議会で衆議院議員となるのだが、反東條の動きをした政治家として知られている。

もう二十年も前になるだろうか、わたしはそのときの議員活動について質《ただ》したときに、「正直に言って戦時下の議会で反東條の動きを行うのは命を失う覚悟が必要だった。同志がしっかり守りあったものだ」と語った。護国同志会という中谷の会派には赤城宗徳《むねのり》や井野碩哉《ひろや》、橋本欣五郎《きんごろう》、船田中《なか》、三宅正一《しょういち》などが属していたのだが、軍部の政治家への恫《どう》喝《かつ》が凄《すさ》まじかったと語っていたのが、わたしには印象深かった。

斎藤の除名が決定した日、斎藤は日記に「弥々最後の日来れり。終日在宅。（略）衆議院本会議に於て予の除名決定す」と書いた。静かにこの決定を受けいれたことになるが、斎藤の胸中にこのままでは引きさがらないとの思いが燃えたぎっていた。実際に斎藤は、二年後の昭和十七年四月の翼賛選挙に立候補して当選する。太平洋戦争が始まって四カ月が過ぎてのことであった。

斎藤除名の背後には軍部の策動があったがそれは表面上には浮かんでこない。軍部は、近衛文麿とその周辺の有馬頼寧《よりやす》[*19]、風見章《あきら》[*20]などが進める新体制運動に期待を寄せていた。陸軍の政治将校は密かにこの運動に接近していて、近衛内閣が再び登場するように工作を進めていた。

こうした動きに政党の側から親軍派を中心に呼応したのが聖戦貫徹議員連盟であった。近衛が六月二十四日に枢密院議長を辞任して新体制運動に専念すると声明をだすと、政党は「バスに乗り遅れるな」と競って解党していく。七月一日の日本革新党の解党から八月十五日の民政党の解党まで雪崩《なだれ》現象を生んでいる。

明治二十三（一八九〇）年の第一回帝国議会当時から続いてきた政党政治はあっけなく議員たちの手によって終わりを告げた。斎藤除名から政党解党までの四カ月余、まるで筋書きがあるように国会は自らその命を絶つのである。これこそ第二幕であったのだ。

＊18町田忠治
文久三～昭和二十一年。政治家。朝野新聞、報知新聞の記者を経て東洋経済新報社を創立。渡欧後、日本銀行、山口銀行を経て大正元年に衆議院議員に初当選。立憲国民党、立憲同志会、憲政会、立憲民政党と所属政党を変えた。大正十五年の第一次若槻礼次郎内閣以来、閣僚を歴任。戦後は日本進歩党を結成するが、公職追放となり引退した。

＊19有馬頼寧
明治十七～昭和三十二。官僚・政治家。久留米藩主有馬家の当主。大正十三年に立憲政友会から衆議院議員に初当選。後に貴族院議員に転じ、農林大臣などを歴任。近衛文麿のブレーンとして大政翼賛会の成立に関係し初代事務総長となる。戦後、A級戦犯容疑で拘置されるが無罪となり、日本中央競馬会理事長などを務めた。

＊20風見章
明治十九～昭和三十六年。政治家。信濃毎日新聞主筆。昭和五年に衆議院議員に初当選。第二次近衛内閣の司法大臣を経て大政翼賛会総務を務める。戦後は公職追放となるが衆議院議員に復帰し、社会党顧問となって護憲・平和活動に尽力した。

〝憲政の神様〟尾崎行雄の抵抗

第一回帝国議会選挙での当選以来、日本の議会政治を常にリードしてきた尾崎行雄は、軍部と、軍に同調する議員による政党政治の崩壊に、何を思っていたのか。太平洋戦争開始後の翼賛選挙を前に、尾崎の戦いが始まる。

国会議事堂の中央玄関の階段をあがる。二十段ほどであろうか、中央広間に立つ。この中央塔の二階から四階までは吹き抜けになっている。

中央広間の壁は沖縄県産のサンゴ石灰石だという。確かに手ざわりはよい。昭和十一(一九三六)年十一月の完成だから、七十年近くもこの中央玄関から入る天皇や国賓《こくひん》の姿を見つめてきたことになる。中央広間の二階には銅像が建っている。伊藤博文、大隈重信、板垣退助の銅像である。あごひげの長い伊藤、右手に杖をもった大隈、そして右手をポケットにいれた板垣の三人である。

日本の憲政史上に名をのこしている先達の政治家、その評価のもとにこの銅像は建てられて、国会議事堂の竣工時に三人の像は表舞台に佇立《ちょりつ》することになったというのだ。四隅《すみ》のうちのひと隅には台座はあるのだが、銅像はない。案内の国会職員氏の話によれば、「いずれここには誰かひとり、憲政発展に尽くした政治家の銅像をということで残したようです」というのである。いつの時点でそれを決めるのか、といったことなどはなにも決まっていないそうだ。

「尾崎行雄《ゆきお》などは候補者じゃないですかね」

というわたしの問いに、尾崎先生の像はすでにありますよとのこと、なるほど衆議院玄関の広間に尾崎行雄の胸像はある。日々磨かれているのだろうか、胸像自体がよく光っている。眼光の鋭い尾崎は、この玄関を利用する衆議院議員を監視しているかのようでもある。

尾崎行雄

尾崎は、明治二十三（一八九〇）年七月一日の日本で初めての帝国議会総選挙に三重県から立候補して当選した。三十一歳だった。以来、近代日本の歴史を衆議院議員として見つめつづけてきた。昭和二十七（一九五二）年十月に病床に伏しているにもかかわらず、支持者たちが立候補手続きを行ったために、当選となっている。本人の意思とは別に尾崎の名は政治家として衆議院本会議場に席を確保されていなければ支持者たちは納得しなかったのだ。このとき尾崎は九十三歳だった。しかし翌二十八年四月十九日の吉田茂によるバカヤロー解散の総選挙で落選し、生涯で初めて選挙で落選するという屈辱を味わっている。

その後、尾崎は衆議院名誉議員、さらに衆議院から憲政功労年金も贈られている。昭和三十五年には、憲政の功労者であることを記念して尾崎憲政記念会館が建設されている。国会議事堂脇である。昭和四十五年に議会開設八十周年を記念して憲政記念館が建設されたが、現在は、そこに吸収される形で尾崎メモリアルホールという一室が尾崎の政治家としての功績を賛えている。

国会議事堂の中を歴史をふり返りながら歩いたあと、憲政記念館に足をはこぶと、ある感慨に捉われる。尾崎記念会館が建設された地、そして今は憲政記念館となっているこの地、ここは資料によるなら次のように書かれている。

「この記念館のある高台は、室町時代に太田道灌《どうかん》が『わが庵《いお》は松原つづき海ちかくふじの高根を軒端《のきば》にぞ見る』とよんだ松原の一角に連なっていた景勝の地で、江戸時代の初めには加藤清正が屋敷を建て、その後彦根藩の上屋敷となり、幕末には大老井伊直弼《なおすけ》もここに住んでいましたが、明治になってからは参謀本部、陸軍省がおかれていました」

つまり歴史のうねりが凝縮した地だったのだ。思えば参謀本部や陸軍省が解体したあとに尾崎記念会館が建てられたのは皮肉である。軍部に痛めつけられた尾崎を賛える記念館が、その解体の地に建てられること自体、なにかしら作為が働いているようで、わたしは嬉《うれ》しかったのである。

平成十八年四月のある一日、憲政記念館で尾崎メモリアルホールを見ているうちに、この空間は六十年余も前なら陸軍省軍務局の政治将校が執務する部屋かもしれないと思い至った。とすれば歴史はもうひとつ誇らしげな作為を加えているのかもしれない。

討議する習慣を持たない軍人の論理

昭和十七（一九四二）年四月、衆議院は五年ぶりに総選挙のときを迎えていた。太平洋戦争が始まってから四カ月、日本軍は南方の要衝《ようしょう》に兵を進めていた。破竹の進撃という語で語られる開戦後の時代であった。そのようなときに衆議院の総選挙が行われていたのだ。

衆議院議員の任期は本来なら四年だから、昭和十二年四月に行われた総選挙の次は十六年四月に行われるはずである。ところがこのときの第二次近衛内閣は、国際情勢、とくに日米関係が険悪になっているので国内に対立状況をつくりたくないという理由で国会にある法案を提出した。その法案とは、衆議院議員の任期を一カ年延長する法律で、これが衆議院で可決され、議員の任期は昭和十七年四月二十九日まで延びたのである。むろんここには軍部の意向をそのまま受けいれる親軍派議員たちの率先した旗ふりがあった。

国会はすでに死んだ状態だった。昭和十二年四月の総選挙以来、日中戦争があった、国家総動員法の制定があった、日本・ドイツ・イタリアの三国同盟の締結があった、日米交渉で局面の打開を図ろうとの動きがあった、それらが失敗して日本軍は真珠湾に奇襲攻撃をかけ一気に太平洋戦争に入った、それらの事態に国民は意思表示をしたくとも総選挙はまったくなかった。朝日新聞社が昭和十七年五月に刊行した『翼賛選挙大観』には、「国民の政治思想乃至《ないし》は志向もまた急激に変化してゐることは疑を容れる余地がない。それにも拘《かかわ》らず議会勢力だけが事変前の陣容をそのまま持続してゐるといふことは不知不識《い》の間に議会勢力に『国民代表』たるの自信を喪失せしめた」とあり、心ある政治家は、われわれは果たして国民を代表しているのかとの自問があったと指摘している。

五年前に存在した政党、民政党も政友会も、時局同志会も、そして斎藤隆夫を除名に追いこんだあとにできた聖戦貫徹議員連盟さえも消えていた。政党、会派は影も形もなかった。あるのは大政翼賛会の議会局の中に押しこめられた一党独裁に近い議会勢力だけだったのである。

東條英機首相と陸軍の政治将校たちが議会を毛嫌いしていたのは、軍人は結論をだすために討論をするという習慣をもっていなかったためだ。

東條たち軍人は、命令を発し、それを受けいれるという関係でしか、人間関係をつくりえていなかったのだ。昭和十七年一月の国会でのことだが、大政翼賛会を源にして発足した翼賛議員同盟の議員が「民意」を問うたらどうかと遠回しに総選挙を促したことがあった。東條は「一億一心、国民一体トナツテ戦争目的完遂ノ為ニ邁進」するために選挙を行うのであって、それ以外の民意など聞く耳をもっていなかったのだ。

一年間の任期延長のあと、東條内閣は総選挙に備えて翼賛政治体制協議会を結成させた（二月二十三日）。会長は陸軍大将阿部信行《のぶゆき》である。つまりこの協議会が政府に都合のいい候補者を推薦することになった。しかもこの協議会は自ら政治結社を名のり、各県に支部を置き、推薦候補の選考と選挙運動の準備を始めたのだ。議員定数四六七人の推薦を決め、これらの候補をなんとしても当選させるとし、総選挙の準備に入った。

日本の憲政史上最も恥ずべき選挙

この翼賛政治体制協議会の中央本部は、陸海軍の将官や貴族院、衆議院などの親軍派の議員によって構成されていた。四六七人の候補者は彼らのお眼鏡《めがね》に叶《かな》う者が中心になった。内務省は現職議員を甲（率先して国策に協力）、乙（積極的ではないが国策を支持）、丙（反政府的、反国家的不適格者）に分けたとされているが、むろんこれには陸軍省軍務局内政班の分析が参考にされていたのである。

内の議員は推薦されなかったが、それだけではない。対抗馬が新たに推薦候補者となって送りこまれた。それは前述の『翼賛選挙大観』によれば、（一）大陸の建設に挺身活躍した者（二）陸海軍の出身者で異色ある者（三）著名の学者評論家（四）官界の大物などだったようだ。

まるで平成十七年の小泉郵政民営化選挙と同じような構図だったのである。

昭和十七年四月四日に選挙が公示された。推薦候補者四六七人に対し、非推薦候補者六一三人が立候補して選挙が始まった。

翼賛選挙と称されるこの総選挙は、日本の憲政史上最も恥ずべき選挙であった。推薦候補者には内務省の指示で手厚い保護が与えられるが、非推薦候補者の演説会場には、特高警察が入って監視をつづけ、演説会を聞きにくる聴衆に威圧を加えた。しかし最もひどかったのは、推薦候補者に陸軍省軍務局の政治将校が臨時軍事費のなかから四六七人に一律五千円の選挙費用を撒《ま》いたことである。むろんこれには買収を黙認するとの意味もあった。心ある候補者のなかには、こういう汚れた選挙に不満を洩らす者もあった。しかし特高警察や憲兵隊を恐れて声をあげる者は少なかった。

尾崎行雄はこういういい加減な選挙は憲法の趣旨に反すると、東條首相と阿部会長に公開状を送りつけた。その公開状の下書きが尾崎メモリアルホールの一角に展示されている。原稿をなんども推敲《すいこう》したあとの残る下書きである。

「大政翼賛会ハ公事結社と称すれ共、莫大の租税を使用し、総理大臣を其総裁と戴《いただ》く所の一種の官衙《かんが》類似の者（中略）推薦委員なる者を設け、議員候補者を選定せしむるが如きハ純然たる選挙干渉にして官選議院を設定するに至るべき憲法違背の行為である。故に予ハ一身一時の利便の為め貴会の推薦を受諾する能《あた》ハザル。茲《ここ》に貴会の好意を謝すると同時に推薦を辞退し、併せて全国に亘る所の候補者推薦を御取消あらん事を切望す」

検閲、世論工作と続く内務省の弾圧

要はこういう選挙は憲法違反である、したがって私は辞退するが、全候補者の推薦を取り消して干渉しないようにと求めている。尾崎はこの公開状を記者たちにも伝えたが、しかし東條内閣はこの公開状をまったく無視した。そして尾崎にも記者たちにも公表しないようにと命じた。

尾崎が選挙民にあてた挨拶状は、東條内閣の憲政に反する行為を列記して批判したが、それも内務省は内閣の方針に沿って全面削除を命じた。尾崎や斎藤隆夫、安藤正純《まさずみ》[*21]、一《ひとつ》松定吉《まつさだよし》[*22]らの党人たちは、徹底した弾圧を受けたが、逆に支持者たちの結束は固まった。そういう支持者たちのもとに、地元の警察署長などがひそかに訪れて、「非国民を当選させたら大変なことになるぞ」と脅している。そんなことがあたりまえの時代だったのである。

尾崎は総選挙ではいつも自らの意見をレコードに吹きこんで、運動員が応援弁士とともに演説会場で、このレコードを聞かせる戦術をとっていた。この翼賛選挙でもレコードをつくったが、内務省の検閲によってあちこち削られてしまい、まったく用をなさなくなった。

「なぜこれほどの削除をするのか」

尾崎は激しく抗議もしている。しかし内務省はなんの答えも返さなかった。むろん軍部を恐れていたのである。

このため尾崎は直接に選挙民の前に立つことを決意している。八十三歳だが故郷に帰って選挙区回りをすることにしたのだ。三重県に遊説にでかける前に、尾崎は長年の同志である田川大吉郎《だいきちろう》*23の選挙区に入って応援演説をつづけた。田川の選挙区は東京第三区で、日本橋、京橋、浅草が該当地域である。むろん田川は非推薦である。定員は四人で推薦候補者が四人立候補していて、推薦を受けていない安藤正純や田川は制約を受けての選挙運動をつづけていた。尾崎はこれら非推薦の立候補者たちをなんとしても議会に送らなければとの使命感に燃えて演説会場に出向いている。

昭和十七年四月十二日、京橋区湊町の鉄砲洲《てっぽうず》国民学校の室内運動場で田川と尾崎の演説会が開かれた。

この演説会での尾崎の演説が東條の怒りにふれ、内務省はその後尾崎を拘束することになるのである。それは翼賛政治体制協議会が軍部の意を受けて発した「聖戦に非協力の不適格者を当選させるな」という世論工作の一環でもあった。

＊21安藤正純

明治九〜昭和三十年。ジャーナリスト・政治家。新聞記者として日露戦争に従軍。昭和九年に衆議院議員初当選。昭和十六年、翼賛議員同盟に対抗して鳩山一郎らと同交会を結成。翌年の翼賛選挙では非推薦で当選。戦後は自由党結成に参加。公職追放を経て衆議院議員に復帰。第五次吉田茂内閣で国務大臣を務めた。

＊22一松定吉

明治八〜昭和四十八年。政治家。検事・大審院検事を経て政界に転じる。昭和三年に衆議院議員に初当選。戦後は第一次吉田内閣の国務・逓信大臣、片山内閣の厚生大臣、芦田内閣の建設大臣を歴任した。

＊23田川大吉郎

明治二〜昭和二十二年。ジャーナリスト・政治家。新聞記者として日清・日露戦争に従軍。明治四十一年に衆議院議員に初当選。昭和十四年、中国問題に関する講演内容が問題視され陸軍刑法により起訴。十八年に上海に亡命した。戦後は日本社会党から衆議院議員に復帰。

〝神様〟が不敬罪に

〝憲政の神様〟と称えられた尾崎行雄は、悪名高き翼賛選挙の欺瞞を糾弾する公開質問状を東條内閣へ提出し、東條英機を激怒させた。東條の意をくんだ内務省は、尾崎の同志への選挙応援演説を問題視し、尾崎を逮捕する。

昭和十七（一九四二）年四月十二日に、尾崎行雄が行った田川大吉郎への応援演説はどのような内容だったのだろうか。むろん即興的な演説だったのだから、記録がのこっているわけではない。

むしろ官憲の側が尾崎の演説に反政府的な内容がないか速記をとっていた。『尾崎行雄傳』（尾崎行雄傳刊行會、昭和二十六年四月刊）によるなら、尾崎の演説が始まるや速記のできる警官がメモをとり始めたという。速記の心得のある警官がとくべつに送られてきたのだ。壇上にも演説会場にも警官が配置されていて、尾崎の演説が舌鋒《ぜっぽう》鋭く東條批判や翼賛選挙の憲法違反に及ぶと、「弁士注意」と大声を発する。そのような批判がつづくと、「弁士中止」と演説の中止を命じる。この鉄砲洲《てっぽうず》国民学校の演説会では、尾崎は「中止」と警官が叫んでも耳が遠かったためにためらうことなく演説をつづけた。

　すると警官は「中止」と書いた紙片を尾崎に手わたした。しかしこのときすでに尾崎は話すべき内容は終えていたので、聴衆は警官が嫌う部分がどこか、そしてどの部分が東條内閣によって嫌われているのかを逆に知ることになったのである。

　尾崎の応援演説でどのような内容が「中止」とされたのか。やはり『尾崎行雄傳』からの引用になるが、まず時局が正常に動いていないことを嘆き、「特に近衛内閣が組織した翼賛会の活動や東條内閣の下に行われつつある翼協中心の総選挙が重大な憲法違反であることを述べ、それは明治大帝の御苦心を無視して日本を独裁政治に導き、結局皇室の衰退と国家の滅亡をもたらすものである」と論じたという。そして尾崎はさらに具体的な比喩をもちだして演説をつづけた。

　政府がこのような憲法無視の態度をとることは、日本を滅亡の道へと進めるものだと説いた。そのうえで、「先生はこの論旨を進めるに当って『売家と唐様で書く三代目』なる有名な川柳を引用し、国家も個人も三代目の言行が最も重要であることを警告し、日本も憲法施行以来明治大正の二代を経て今は昭和という三代目に当っているから、余程、戒心《かいしん》しなければならないと説き、その適切な比喩と独特な雄弁を以て満場の聴衆に深い感銘を与えた」という。尾崎の側に立った記述だから幾分割り引いて受け止めなければならないが、それでも官憲からとくべつに監視されていることを知っていただけに、尾崎としても表現には気をつかっていたという。このていどの表現はとくべつ問題になる内容ではないと判断していたのである。

鉄砲洲国民学校の室内運動場を埋めていた聴衆は、この演説に拍手を送りつづけたとも尾崎の言動を伝える書には記されている。この翼賛選挙では、政府の顔色をうかがい、戦勝が軍部の功績によるものだという御用演説が幅をきかしていて、尾崎のような演説は選挙民には清涼剤の役割も果たしたのだ。

尾崎がこの国民学校から次の演説会場へむかおうと車にのりこむと、聴衆はそれをとりまき、「尾崎先生萬歳、萬歳」と叫んで見送ったとの記述もある。

そのときから六十四年が経った。平成十八年四月のある一日、わたしは鉄砲洲国民学校の室内運動場に立った。むろん今はこの名はのこっていない。中央区湊一丁目にある中央小学校である。明治十（一八七七）年に開校したこの小学校は東京でも古いほうで、一三〇周年を迎えるという。

建物は改築されて、室内運動場とても新しく建っている。とはいえ、その広さは三百五十平方メートル、それほど広くはない。講堂の床も壁も、そして天井も、つまりはこの空間を形づくる外枠は変わっているにせよ、その空間の内部には尾崎行雄とこの街の商人、職人などの聴衆のかもしだす歴史の時間が凝縮しているのはまちがいない。演壇に立って、室内を見わたせば、後ろに座っていたであろう人たちの顔もよく見えたことだろう。

聴衆は総立ちで「警官横暴」と叫んだ

尾崎の演説を必死に速記をとる警官や、壇上にあってその演説に「弁士中止」などと叫ぶ警官はどういう心理状態だったのだろう。「弁士中止」と決めるのは一人か二人の警官なのだろうが、彼らによって尾崎と聴衆のコミュニケーションの回路が切断されるとすれば、彼らのその基準がどのようなものだったのかを知らなければならない。しかし、今調べてみてもそれが曖昧《あいまい》で、要は折から進んでいる「大東亜戦争」をいかなる形でも批判しないこと、東條内閣の政策に全面的に協力すること、の二つだけが軸になっていて、これにふれると「弁士中止」となったようであった。

尾崎はこの選挙のとき、すでに八十三歳である。演説の声も若いときとちがってハリはない。むしろ口の中に言葉が吸いこまれていくような状態だった。野次がとんだり、ざわつきがあったら聞こえない。想像するに、尾崎の演説に聴衆たちは身じろぎもせず、少しの音もたてずに聞いていたのだろう。

その演説にかぶさるように、警官が「弁士注意」とか「弁士中止」と叫んでも、尾崎は耳が遠いという理由で委細かまわずに話しつづけている。もしかしたら、尾崎は警官の声が聞こえないふりをして自らの言いたいことを言いつづけたのではないか。聴衆は密かにそれを支えて、尾崎の言いたいところでは共鳴の拍手をしたのかもしれない。実際に、聴衆は一斉に総立ちになって「警官横暴」と叫んだという記録もある。

講堂のなかを歩き回りながら、わたしはそんな光景を思い浮かべて、尾崎もさることながら、この街に住む人たちの政治感覚に拍手を送りたい心境であった。そういえばこの街は築地や日本橋と接していて、江戸時代から意識の高い町人の集まるところだったのである。

売家と唐様で書く三代目、という川柳は、初代の苦労と努力で築きあげた家屋敷などが三代目になると零落《れいらく》して売りにだされるが、その売家の文字が遊芸に凝《こ》ったあげくの書体になっているという意味だ。尾崎の演説を解釈すると、明治時代には相応の努力をして国富を築きあげたが、しかし三代目（つまり昭和という時代）になると本来の志を忘れ、先達の思いをないがしろにしているとの意味になるだろう。今から考えれば、尾崎とて反政府的言動をなしてはいるが、現代の政治感覚とは異なった意味が含まれている。

ただ言わなければならないときに自らの信念を言う、この教訓だけは今もこの中央小学校の講堂から発せられていると、わたしには思えるのだった。

あまりに突飛な〝不敬罪〟での起訴

翼賛選挙の投票日は四月三十日であった。

尾崎は東京での応援演説を終えたあと、自らの選挙区である三重県にむかっている。そして四月十四日からは、第二区の宇治山田、松阪をはじめ選挙区の村々にまで入っていった。その演説は警官によって「弁士注意」や「弁士中止」と制されることも少なくなかった。尾崎の支援者たちはそれに異議を唱えるという光景もくり返されたのだ。

ところが四月二十日、尾崎が志摩郡の賢島《かしこじま》に宿をとり、翌日の演説にそなえ体調を整えていると、突然その宿に三重県特高課の主任から電話がはいった。「至急面会したい」というのだ。その主任は宿に尾崎を訪ねてくると、東京検事局に出頭せよとの召喚状を手わたした。今は選挙運動中だから、私に事情聴取をしたいのであれば津市で訊問を受けたい、と申しでたが、「とにかく東京検事局に出頭していただきたい」といわれるだけだった。

東京検事局に出頭した尾崎は、次席検事から、その選挙演説は不敬罪の疑いがあると告げられたあとに、「売家と唐様で書く三代目」は昭和天皇を諷刺していると居丈高の恫喝を受けている。尾崎にとってはあまりにも突飛な嫌疑に、どのような理由でそう思うのかと尋ねたほどだ。

これは昭和三十六年に財団法人尾崎行雄記念財団から刊行された『尾崎行雄伝』（沢田謙著）からの引用になるが、ひととおりの訊問がすむと検事は調書を清書したうえで、「不敬罪で起訴する。予審判事のところに回すので予審廷に行ってほしい」といわれたという。予審廷では、若い判事が起訴状に目を移しながら、二、三の質問をしたあと署名捺印を求めた。起訴状には「みだりに明治天皇の事業を批判し、大正天皇および今上天皇に、不敬な言句を発した」という一節があり、尾崎は「みだりに明治天皇の批判はしていない。むしろ明治天皇の御聖徳をたたえ、というなら署名しましょう」と応じると、判事はすぐにそのような文章に変えた。

判事たちも、これは自らが裁くのではない、然《しか》るべき方面からの圧力を受けているからだ、と暗に認めたことでもあった。

このあと尾崎は、検事局から巣鴨拘置所に車を回すことになっているのでといわれて、強引に巣鴨拘置所に収容されている。「事件は不敬罪だから、一時一刻を争う問題ではなし、選挙中の彼が、逃亡をくわだてる恐れもない。証拠湮滅《いんめつ》といっても、証拠は警官の速記録だけだから、彼がそれを湮滅できるはずもない。それを監禁するというのは、実にふしぎなやり方である」と前述の沢田書は書いているが、たしかにその通りだ。尾崎を選挙の間は獄にいれておけ、という政治的圧力が働いたとしか言いようがなかった。

翼賛選挙で推薦候補者には各界の応援弁士が駆りだされている。学界、官界はいうに及ばず産業界からも、文化や芸能の分野からも応援弁士は半ば強制的に推薦の候補者に応援演説を行っている。動員された弁士は全選挙運動期間を通じて八百七十一人に及んだ。彼らが候補者の応援演説会で行った演説回数は一万九百五十九回に達した。このために推薦候補者は日ましに有利になっていったのである。

これに反して非推薦候補者は応援弁士もなく、加えて演説会場には警官が入りこんで「弁士中止」と叫ぶのだから、しだいに当選圏内から遠ざかっていった。

憲兵隊を使い選挙を操る政治将校

推薦候補者の応援弁士の演説は、たしかに御用演説であった。三月に陸軍省が発行した『大東亜戦争』という小冊子があるが、これは冒頭から最後まで、「正義なき国家は亡び理想なき国民は衰へる。幸ひなる哉《かな》、皇国日本はこの両《ふた》つながらを持つ」といった聖戦賛歌で満ちていた。この小冊子を手に、この枠内から出まいと気を配って応援演説をつづけていた。そうすれば、陸軍省軍務局からわたされている候補者一人五千円の選挙資金のなかから破格の弁士手当がもらえたのだ。

東條首相とそれを支える陸軍省の政治将校たちは、実質的にこの選挙の黒幕であった。

彼らは内務省を通じて選挙運動に干渉するだけでなく、独自に軍内の組織である憲兵隊を使って非推薦候補者への圧迫と推薦候補者への支援を行っていた。東京憲兵隊の幹部を始めとして憲兵隊はすべて東條人脈によって埋められ、そこからは全国の選挙状況が日々首相官邸に届けられていたのである。

その報告書には推薦候補者四六七人のうち九割近くが当選するだろうとあった。

「九割でも足りない。全国が推薦候補者で埋まらなければだめだ」

東條のそういう命令が憲兵隊に伝えられている。それを受けて内務省警保局も憲兵隊に恫喝される形で、非推薦候補者への圧迫をより強めた。尾崎を不敬罪で起訴したのもそうした流れにあった。とくに東條は、翼賛選挙を批判して公開質問状を自分のもとに届けたその行為に激しい怒りを洩らしていた。尾崎の逮捕は東條からの直接の命令だったという声も、尾崎周辺にはあった。

尾崎が巣鴨拘置所に収容されたと聞いた政党政治家の閣僚のなかには、閣議であからさまに即時釈放を主張する者もあった。たとえば農林大臣の井野碩哉《ひろや》[*24]などは、この逮捕はおかしいと声高に叫んだ。加えて尾崎逮捕は日本の新聞に小さく載っただけだが、逆に外国のメディアは大きく報じた。中国の蔣介石政府はこれを対日批判の宣伝に使い、日本は独裁政権そのものであると執拗にくり返した。

こうして尾崎は選挙日まえに釈放されることになった。

＊24井野碩哉
明治二十四～昭和五十五年。官僚・政治家。農林省に入省し、第二、三次近衛内閣から東條内閣まで農林大臣を務めた（東條内閣では拓務大臣兼任）。戦後、公職追放を経て参議院議員となり、第二次岸信介内閣で法務大臣を務めた。

翼賛選挙と東京初空襲

尾崎行雄が不敬罪の容疑で不当に拘束された数日前、昭和十七年四月十八日、日本は米軍爆撃機による初の空襲を受ける。翼賛選挙の結果、東條内閣の予想以上に非推薦候補者が当選し、尾崎もまた当選を果たした。

尾崎行雄は巣鴨拘置所から釈放されると、すぐに自らの選挙区に戻った。三重県第二区の選挙区は立候補者は七人で、定員は四人である。ここにも四人の推薦候補者がいて、彼らは直接には尾崎を批判することはなかったが、かわって警察当局によって悪質なデマが流された。そうしたデマには、「尾崎は非国民だ。不敬罪の汚名を浴びた者に投票するのは非国民だ」とか「投票した者も不敬罪になる」といった理不尽なものがあった。

東條内閣と憲兵隊の意を受けた内務省警保局は、内々に、「尾崎を当選させてはならない」との指令をだしていたとの説もあった。それほど尾崎に対しての苛立ちを感じていたというのだ。

憲政記念館の尾崎の遺品や遺稿をおさめた一室にはいると、軍人に対する尾崎の反感がどこにあったのかがわかってくる。平成十八年の四月のある一日、政治家尾崎を賛えるその一室には数人の見学者しかいなかったが、館内に社会見学の中学生や高校生の一団がいた。日本の憲政がどのような歴史をもっているのかを確認する彼らの見学態度はとても良く、行儀の良い一団でもあった。

　こういう地味な空間を、社会見学や修学旅行の日程に組みこむことは、相応の関心をもつ生徒や学生が多いということだろう。静かに憲政記念館を出入りする彼らは、日本の議会政治史に、あるいは尾崎行雄のような政治家の歩みにどのような感想をもつのだろうか。わたしはその種の質問を発してみたいと思ったが、彼らの好奇の目を見るだけで答えが予想された。

　国会の中を動き回る議員やその秘書たち、それにメディアの関係者、そして国会の職員、外部からの見学者。国会の中にはそれぞれの役割をもつ職業人たちがかもしだす空気が一定の秩序をつくっていた。むろん、今はその秩序には軍人のかもしだす威圧や恫喝といった空気はない。最低限、現在も将来も国会はその空気を守らなければならない。

　わたしは憲政記念館に見学に訪れる生徒や学生が、やがて国会の見学も行うだろうが、その際に、尾崎の業績を賛える一室の落ち着き、そして憲政を擁護する冷静さを汲《く》みとり、それを国会の秩序の空気に据えることを学んでほしいとの思いをもった。そして、今の国会の中で秩序をかたちづくっている政治家自身も率先して「政策を徹底して論争する」という議会政治の範を示してほしいと願った。

わたしが国会内部をじっくりと見て歩いた日は、小泉首相と民主党の前原代表とが党首討論を行った日であった。わたしは委員会でのこの討論を見ることはできなかったが、翌日の新聞を見る限りでは、さほど実りのある論争が行われたとは思えなかった。偽メールにひっかかった議員のその真相をたぐりよせる意思が野党の代表にはないとあっては、国会の秩序の空気をないがしろにするといわれても仕方がない。この日の党首討論は、日本の憲政史上で、やがて生徒や学生たちにどのように位置づけられるのだろうか。

空襲という事実を隠蔽するかのように

昭和十七（一九四二）年四月の戦時下の秩序をかたちづくる翼賛選挙は、もう一面で戦争と切りはなせないことを教える出来事が起こった。投票日のほぼ二週間前の四月十八日のことである。昼すぎに突然、アメリカ軍のドウリットル隊が東京上空に達して爆撃を行った。午後零時十分である。すぐに空襲警報が告げられた。しかし東京では防空演習が続いていたので現実の空襲とは気づかない者も多かった。

ドウリットル隊は十六機で編成されていて、十三機は東京や川崎、横須賀を襲った。この空襲により品川区、牛込区などで三百戸近くが被害を受け、死者四十人をだしている。

日本は南方要域で軍事的な勝利を得ているのに、どうして東京が爆撃されたのか、東條を始めとする軍事指導者は衝撃を受けている。東條はこの日、内情視察と称して水戸市内を歩き回っていた。

「東京、横須賀などに敵機襲来の連絡が入っております」

と県庁職員から耳打ちされて、東條はすぐに東京に戻り、宮中にかけつけている。東條の秘書官の記した日記には、「恐懼《きょうく》ノ後敵ノ企図ノ判断、被害状況ノ後将来万全ヲ期スル旨ヲ上奏ス」とある。「将来万全ヲ期スル旨」というのは、国内にどのような形であれ政府批判を許さず、政府に協力する議員で議会を埋めるとの意味も含んでいた。事態を国民に謙虚に説明する意思などなく、ひたすら弾圧体制をめざした。

このドウリットル爆撃後の翼賛選挙は、なおのこと非推薦候補者への風当たりが強くなった。尾崎自身が「非国民」と誹《そし》られ、彼の支持者たちも一様に「非国民」と激しい圧力を受けることになった。もとよりそれは尾崎だけでなく、中野正剛《せいごう》*25など非推薦候補者すべてへの弾圧となっていった。

翼賛選挙の推薦候補者の演説もより露骨に政府の戦争政策を賛える方向にかわった。東條や翼賛政治体制協議会の会長阿部信行らは率先してラジオ放送で、「国民の望んでいる建設戦の方途を政府と一体となって検討する国民代表を選ぶように」と檄《げき》をとばした。まさに官製選挙であった。

尾崎が起訴されたことは、昭和天皇にも伝えられた。

内大臣の木戸幸一の日記（『木戸幸一日記』）には、四月二十四日の項に、「侍従長来室、尾崎行雄氏起訴の件につき相談あり、法相の参内を求むるを可とする旨答ふ。三時十五分より三時半迄、拝謁、尾崎行雄氏の件につき言上す。法相参内、面談、尾崎の件につき連絡す」とある。この記述が具体的にどのようなことを指しているかは不明である。しかし、侍従長と内大臣との間で、尾崎を起訴することについての話し合いが行われたという事実が窺える。侍従長は天皇からこの件はどういうことなのかと問われ、木戸に相談したということであろう。木戸は法相に説明させることにしたのだが、その結果、法相は直接天皇に会って、起訴の経緯を説明したことがわかってくる。

翼賛選挙のこうした経緯を見ていくと、議会は軍人内閣によって討論抜きの空間に変質させられていくことがわかり、天皇はそのことについて内々には疑問を示したという構図も浮かびあがってくる。とくに軍部は戦況は日本に有利であり、なんらの心配もないと豪語しているその足元に、アメリカ軍のB25の編隊が飛来しているという現実は、軍人内閣を異様なほどの興奮状態に追いこんでいった。天皇はそのことを案じたのかもしれない。

弾圧下で非推薦候補の意外な善戦

翼賛選挙の投票は四月三十日に行われた。

当時の新聞報道を見ていくと、全国どの地域でも投票所には有権者の列ができるというほど関心が高まっていた。当時は今と異なって普通選挙ではなく、女性の参政権は認められておらず、男性の被選挙権にしても幾つかの制限があった。この日の投票率は、五月一日になって内務省警保局によって発表されているが、有権者の総数は一四五〇万六二九四人、投票総数は一二〇四万一一六二人、棄権者は二四六万四六三二人であった。投票率は実に八三％に及んだ。

昭和にはいっての過去五回の総選挙に比べると、もっとも高い投票率となった。

この選挙結果を見ていくと、翼賛政治体制協議会の推薦候補者の当選は三八一人、非推薦は八五人であった。推薦候補者の当選率は八一・八％であった。たしかに表面上は推薦候補者の勝利のように見えた。実際にこの選挙結果について、「今次の総選挙によって我が国民の大東亜戦争完遂の熱意と、政治力結集に対する展望が力強く中外に顕示された」(東京朝日新聞社刊『翼賛選挙大観』)という見方が一般的であり、さらに次のような見方も示されていた。

「独伊を始め我が盟邦は鉄血の団結に無限の信頼を寄せ、米英を始め敵国側は我が国内の動揺にかけたはかない希望が全く消え失せて却って畏怖の念を倍加した」

敵国米英側につけいるスキを与えなかったというのである。それがメディアの報じた内容であった。

一方でこの翼賛選挙の特徴は投票率が高かったことと、当選議員のなかに新人の進出が著しかったことだ。とはいえ、その新人というのも、長年にわたり府県会議員の職にあった者が多く、個人的人気に頼る形での当選であろうとの見方が示された。そして前述の『翼賛選挙大観』は、「特色の一として数ふべきものに右翼陣営の躍進といふこと」があるとも伝えている。なかには党首が非推薦で当選したケースもあるという。

異色なのは東大教授から転じた蠟山政道《ろうやままさみち》*26や大阪経済大教授の菅野和太郎《かんのわたろう》*27、それに新聞界からも多くの一年生議員が誕生した。

日中戦争・太平洋戦争とつづくなかでリベラリストが退潮し、国家主義、民族主義が著しく力をもってきたという言い方もできた。

尾崎はどうだったろうか。

尾崎は三番目で一万四五二五票を獲得して当選している。二位の当選者とはわずか三十二票の違いだから、実際には予想以上の票をとったともいえた。当選者四人のうち尾崎を除く三人は推薦候補者たちであった。尾崎の応援演説を受けた同志田川大吉郎は激しい弾圧を受け次点に終わった。それでもあと五百票ほど獲得すれば当選できたのである。

非推薦候補者で当選したなかには、尾崎を始めとして斎藤隆夫、安藤正純、一松定吉、川崎克《かつ》、鳩山一郎、河野一郎らがいたし、芦田均、川島正次郎《しょうじろう》、犬養健《いぬかいたける》、三木武夫《たけお》らも含まれていた。西尾末広、水谷長三郎、三宅正一も非推薦組であった。こうした政治家はたしかに憲政擁護の側にいた政治家といってよかった。

ままならぬ選挙結果に東條の次の一手

東條は首相として、こうした結果についてラジオ放送で「この選挙結果により翼賛議会は確立することになった。政府としては喜ばしい」と語ったが、むろんそれは本音ではなかった。非推薦が八十五人もいるとあっては、とても満足できる内容ではなかったのである。

こうした議会の分布に不満を示した陸軍の政治将校たちは、公然と国会のなかに入ってきた。彼らは東條内閣の書記官長である星野直樹《なおき》[*28]と東條内閣の助言者役を買ってでていた貴族院議員の横山助成《すけなり》を動かして翼賛政治会をつくらせた。そして推薦議員をまずここに加えさせた。この政治会は、「国体の本義に基き、挙国的政治力を結集し以て大東亜戦争完遂に邁進せんことを期す」と謳っているように、軍事主導体制のもとにつくられた議会勢力だったのである。半ば脅迫的に非推薦の当選議員もこの政治会に参加するよう圧力が加えられた。それは東條首相が「この政治会以外の政治結社は認めない」と脅したためだが、実際にこの政治会に加わらなければ議会での活動に制限を加えられることが明白だった。

それでもこの翼賛政治会に加わらない議員が八人いた。尾崎行雄、斎藤隆夫、犬養健、北昤吉《れいきち》*29などがそうであった。ここでも尾崎は筋を通したのである。そういう尾崎に対して推薦議員のなかからは、尾崎は不敬罪で起訴されているのだから除名すべきだ、という論が議会の中でも公然と語られるようになった。さすがにその声はある一定の範囲にとどまったが、それでも「国会が死んでいくのは実は議員たちの手によってである」という教訓を改めて知らせることになった。

昭和十七年四月三十日の翼賛選挙は、議会史にのこるもっとも汚れた選挙であった。尾崎は自らが翼賛政治会に属さないことで、発言の場も封じられ、議会でなんらの活動もできないことを直接肌で知っていった。

そこで尾崎は、自らが起訴されている法廷でその信念を披瀝する道を選んだのである。

＊25中野正剛
明治十九〜昭和十八年。政治家。東京日日新聞、東京朝日新聞記者を経て大正九年に衆議院議

員初当選。革新倶楽部、憲政会、立憲民政党を経て国民同盟を結成。さらに昭和十一年に東方会を結成し総裁に。アジア主義的思想で知られ、政治体制のファッショ化に協力し大政翼賛会常任総務となるが東條英機が断行した翼賛選挙に反対。昭和十八年に発表した「戦時宰相論」が東條の怒りをかい逮捕。釈放後に自殺した。

＊26蠟山政道
明治二十八〜昭和五十五年。政治・行政学者。民主社会主義の理論家。東京帝国大学教授として行政学を講じるが、河合栄治郎の学説をめぐる処分に抗議し辞任。近衛文麿のブレーン組織「昭和研究会」に参加し、昭和十七年の翼賛選挙では推薦候補として衆議院議員に当選。のち社会党右派、次いで民社党の理論的支柱となった。

＊27菅野和太郎
明治二十八〜昭和五十一年。経済学者・政治家。昭和十七年に衆議院議員初当選。第一・二次佐藤栄作内閣で通商産業大臣・経済企画庁長官を歴任した。

＊28星野直樹
明治二十五〜昭和五十三年。戦時中の革新官僚。大蔵省から満州国に転じ、昭和十二年に国務院総務長官となるなど、満州の経済・財政を統括した。帰国後、第一次近衛内閣で企画院総裁、東條内閣で書記官長を務めた。戦後、A級戦犯として終身禁固刑を受けるが三十年に釈放された。

＊29北昤吉
明治十八～昭和三十六年。哲学者・政治家。北一輝の実弟。ハーバード大学などで学んだ後、大東文化・大正大学で教授となる。国家主義の立場から言論活動を行い、昭和四年に祖国同志会を結成。十一年に衆議院議員に初当選。立憲民政党に入党。鳩山一郎と行動をともにし、翼賛選挙反対の同交会に参加。戦後は公職追放を経て自由党鳩山派に属した。

尾崎行雄の法廷闘争

翼賛体制下の国会で、発言の機会を封じられた尾崎にとって、不敬罪を問う秘密裁判のみが、自らの意見を述べる唯一の場であった。無罪を勝ち得た時、既に日本の敗戦は目前に迫っていた。

尾崎行雄が法廷で信念を披瀝する道を選んだにもかかわらず、実際には法廷はそのような場にはならなかった。家族や友人が数人傍聴を許されただけで、実際には秘密裁判であった。尾崎に発言の場を与えて、政府批判をさせてはならぬというのが、東條内閣の方針だったのである。

尾崎には計算があった。たとえ秘密裁判であっても法廷で自らの信念を述べておこう、その記録は必ず天皇の目にふれるに違いないとの判断であった。それが議会政治家として近代日本を生きてきたがゆえの直観だったのである。そう思って、尾崎はこの秘密裁判で、今回の翼賛選挙がいかに日本の歩んできた道に外れているか、加えて東條内閣の議会政治に対する態度は根本からおかしいとの意思を顕わにした。

そのうえで尾崎は、

「もし私の演説した内容が真に不敬にあたるとし、それを裁くならできるだけ厳刑に処してほしい。私はそれを望んでいる。天下後世へのみせしめのためにぜひ厳刑を加えてもらいたい」

と異例の弁論を行った。審理は形式的に二、三回行われただけで、昭和十七（一九四二）年十二月に懲役八月、執行猶予二年という判決が下された。不敬罪で裁かれたにしては、確かに軽すぎる刑であった。とにかく裁判所側は早く終わらせて決着をつけたかったのだ。尾崎のもとにも「こんな軽い刑なら受けいれたほうがいい。なにも獄に入るわけではないのだから」と内閣からの意を受けた友人・知人の誘いも寄せられた。

「冗談ではない。皇室を侮辱したという大罪を犯したというのなら、これでは軽すぎる。私はもともと無罪であると考えているが、不敬罪であると言い張るのならもっと極刑にするのが当然ではないか」

という理由を挙げて、上告の手続きをとっている。尾崎は、こうした軍事主導国家の体制そのものがいかに非道なことを行うか、それを歴史の年譜に刻みこんでおこうと考えたのである。そのような怒りは、宮中周辺にも伝わっていった。

この裁判のあと、尾崎は内大臣の木戸幸一と会見している。どのような手順で会見したのか不明だが、昭和十七年十二月五日の『木戸幸一日記』には、「尾崎行雄氏と面談、戦争の見透《みとおし》につき縷々《るる》述べられたり」と書かれている。もとより木戸と尾崎の会見では、戦争の推移については表面的な話にすぎず、この裁判の話が中心になったはずだが、その内容については窺い知ることはできない。

だが尾崎の考えや発言の真意については、改めて木戸に伝えられ、それが天皇の耳に届いたと考えられる。尾崎にすれば、天皇にはその考えの一端は伝えられたが、しかしどのように天皇の意思に反映したかは知る由《よし》もない。それを裏づける資料はない。

尾崎がなぜ上告をしてまで、自らの発言がいかに曲解されたかを歴史に刻もうとしたかといえば、翼賛選挙後の議会を実際に確かめたからでもあろう。推薦で当選した議員を中心に翼賛政治会が、東條内閣の意を汲んだ政治家によって結成され、そこには非推薦で当選した議員たちも合流する形になり、まさに一党独裁の議会ができあがった。政府が翼賛政治会以外の政治結社は認めないと発表したのだから、この会派に入る以外に議会活動はできなくなった。尾崎や犬養健などわずか八名がこの翼賛政治会に加わらなかった。

追従の拍手だけが空しく響く議会

一党独裁のナチス型の国会は、昭和十七年五月二十五日の第八十回臨時議会で野党なき議会の醜態《しゅうたい》を見せている。この議会は二十五日、二十六日の二日間のみだったが、東條首相の施政方針演説と陸海軍大臣による戦況報告、そして臨時軍事費の追加予算二十四億円の承認が中心になっていた。いわば戦時下にあって、軍部の意見をおとなしく聞き、その予算をとくべつの審議もなしに認めるという、いわば軍事に従属した議会という形を見せたのである。

東條首相は、衆議院本会議場でひときわ胸を張って戦勝の実態をまくしたてた。

確かに真珠湾奇襲攻撃以後、日本軍はアジアの各地で制圧地域を広げていた。二月にはシンガポールを陥落させた。三月十日の陸軍記念日には日本軍がバンドンに入城した。しかし、制圧地域を広めたにもかかわらず、四月にはアメリカ軍のドウリットル隊によって、東京、川崎などが爆撃を受けている。その不安を消すためにも、東條の施政演説は威勢がよかった。そこには次のような一節があった。

「大東亜戦争の勃発以来未だ半歳に満たざる期間に於きまして、皇軍は随所に敵兵力を撃《げき》摧《さい》し、大東亜に於ける要域は悉《ことごと》く皇軍の占有する所となり、米英の海上部隊は脆《もろ》くも太平洋及び印度洋より駆逐せられ、茲《ここ》に戦勝御嘉尚の優渥《ゆうあく》なる勅語を拝しますることは実に八回に及んだのであります。斯《か》くの如く相次ぐ無上の光栄に浴し、国威を世界に宣揚致しましたることは、洵《まこと》に前古未曽有の事蹟であります」

そして議員には、今回の総選挙は「翼賛政治体制確立を目指す澎湃《ほうはい》たる機運となり、全国津々浦々に漲《みなぎ》った」と言い、自らの内閣の干渉の結果であることなどにおわせもしなかった。政府は国民のわきあがる声を背景に、「意気を新にし、以《もっ》て万民翼賛、臣道実践の国民運動中核体として、一路邁進することと相成った」と、議会政治を解体せしめた責任を巧みに言い逃れる内容だった。

尾崎はこの演説に本会議場の無所属の議員が座る席で耳を傾けていた。八十三歳になっていた尾崎は、六十歳にもならぬこの東條英機の演説をどのように受け止めただろうか。議場にはしばしば拍手が響いた。そしてなによりもかつての議会では、必ず野次がとんだり、不規則発言があったりして、議長がそれを制するのが常だった。確かに野次や不規則発言は賞《ほ》められることではないが、一面でそれは議会に活気を与えるのも事実であった。

それがまったくない。ひたすら議場に響く東條首相の高い声、そして親軍派の議員に促されるようにしての拍手の渦、議会はまさに死んだ状態になった。

わたしは平成十八年の二月、衆議院本会議場の傍聴席最前列に座って議場を見つめた。ここには一般の傍聴者は座ることができない。最前列だけは新聞記者たちの座る席なのである。当時の議場で無所属の議員が座ったのは、いずれにしても目立たぬ席であっただろう。なにしろ四六六人の定員のなかに無所属議員は八人しかいないのだから、大方、尾崎は最後列の端にでも座っていたのではなかったろうか。

平成十八年二月時点からふり返れば六十四年前のことだ。尾崎は東條の演説に怒りを覚えながら、議場の拍手を耳にし、そして議場の天井を仰いだように、わたしには思われる。天井はステンドグラスになっていて、ライトに照らされ、きれいなモザイク模様が浮かびあがる。あるいは戦時下とあって、このころは灯火管制でライトが照らされることはなかったかもしれない。東京に空襲があってからは、光が外に洩れないように配慮することになっていたからだ。

軍の権威失墜で息吹き返す司法権

尾崎は、この議場に座って東條の演説を聞きながら、その戦いをひとりで宣告したのかもしれない。昭和三十六年十一月に尾崎行雄記念財団から刊行された沢田謙による『尾崎行雄伝』には、こうした戦いについて、「当局の無理非道がひどければひどいほど、天下後世への反響が強いから、なるだけ重い刑に処せられた方が、余命いくばくもなき身の、最後のご奉公として、意味があると考えた」と書いている。尾崎が上告を決めたのはこうした心理が働いたからではないか。

わたしは衆議院本会議場にひとりで座りながら、『国会議事堂』という記念誌を思い浮かべていた。これは平成二年に刊行された、写真を中心にしたグラフ誌といっていいのだが、昭和十八年には「議員の防空退避訓練」という写真説明で、議場で軍人の指導により手で目を隠し伏せている議員の写真が掲載されている。昭和十九年には国会の中庭で、鍬《くわ》で土を耕している職員の姿があり、「芝生がはがされ食糧増産に振り向けられた」との説明がある。

昭和十七年五月の第八十議会で議場に座っていた議員の姿がこのように変化している。国策について論じる姿勢を失った議会人の、これがいきつく先だったのだ。本来なすべき仕事を放棄したから、あるいは恫喝を受けて軍事に屈伏したがゆえの光景であった。

わたしは、尾崎の周辺にあって、尾崎に密かにでもいいから激励を送った議員が少ないことに驚いた。犬養健や斎藤隆夫、そして翼賛政治会にやむなく移った政党政治家などわずかしかいなかったのである。多くの議員は、この議場にあっても、尾崎から目をそらし、見るまいとし、あるいは近づこうとはしていない。近づけば軍部ににらまれるからだ。

傍聴席の一角に座っている陸軍省軍務局の政治将校たちは、議場を、ときに望遠鏡をもちだしながら、誰が尾崎に近づくかを見ていたように思う。わたしが昭和五十年代に話を聞いた陸軍省軍務課内政班の将校の言が思いだされてくる。

「東條さんはなぜ議員を嫌ったかといえば、政治家は世間の人気を気にするまともな仕事ではないとの認識があったからだ。国民と指導者の関係は、指導者が一歩前に進みでて無色の国民を政府の思う色に染めていかなければだめだ、とよくわれわれにも言っていた」

東條首相の秘書官にこの言を確かめると、彼もすぐにうなずいた。秘書たちに洩らす東條の言もまたこのような内容が多かったのだ。

尾崎の上告は、大審院で昭和十八年の初めから審理が始まった。最終的にその結論がでて、判決が下されたのは昭和十九年六月であった。「被告には不敬の犯意がまったくない」といって無罪の判決であった。

このとき尾崎は、軍部が専横の時代に司法権が行政権から独立していると率直に喜んでいる。そして歌を詠んでいる。

直き道直くし行かぬ世なればや

当然のことといひつつ祝ふ

尾崎の笑みを浮かべた写真が戦後の尾崎を賛える書には掲載されている。しかし司法権は独立しているといっても、この六月は軍事的に「あ号作戦」が失敗してサイパンが陥落し、東條内閣が重臣や宮廷官僚、そしてやがて天皇に追いつめられていくときであった。司法は、東條内閣の力の弱まるときを待って、この判決を下したとしか、わたしには思えなかった。

戦時下に真の勇気示した政治家たち

昭和十七年四月の翼賛選挙において、真の勇気を示した政治家が他にもいたことをやはり書きのこしておかなければならない。

昭和二十年三月二日の『毎日新聞』。当時の紙面はわずか二頁だが、どの面を見ても悪化する戦況に対しての士気を昂揚させる記事で埋まっている。一面のトップには硫黄島での激戦が報じられている。二面の下段に「常会で推薦制支持は違反　新判例、鹿児島第二区選挙無効」という見出しで六十八行の記事が掲載されている。限られた紙面のなかでも記事量は多い。

翼賛選挙のあと、非推薦の冨吉栄二《えいじ》[*30]ほか三人の候補者が、鹿児島県知事薄田《すすきだ》美朝《よしとも》が大政翼賛会支部長としてその傘下の行政機関を始め多くの機関を動かして推薦候補者を当選せしめたことは「選挙法を蹂躙《じゅうりん》した選挙であり無効」と訴えていた。これが三年の審理を経て、大審院民事三部が三月一日に「鹿児島第二区の選挙は無効」と判断し、やり直しを命じたのだ。つまりこのときの翼賛選挙は、法廷にもちこめば違法選挙だったということになり、改めてやり直さなければならなかったのだ。

しかしこの鹿児島第二区の非推薦候補者の訴えが認められただけで、各地での訴えは大体が証拠不十分で打ち切りとなっていた。大審院民事三部の裁判長吉田久《ひさし》は冨吉らの訴えを受理し、鹿児島に赴いて徹底的な調べを行い、そしてこの判決を下した。吉田は暴漢の襲撃を予想して、遺言状を書きのこしていたという。

つけ加えておけば、この裁判の弁護人の一人は斎藤隆夫である。斎藤は政府干渉の事実を指摘して訴状をつくっている。尾崎もまた密かに斎藤を支援していたのである。

＊30冨吉栄二
明治三十二～昭和二十九年。政治家・無産運動家。学校教員を経て昭和十一年、衆院議員初当選。戦後は日本社会党に属し、二十三年に成立した芦田均内閣で逓信大臣を務めた。

首相官邸の主人たち

開戦前夜、東條首相は官邸で独り泣いていた

最高権力者が住む首相公邸と、日本の未来を決する断を下す首相官邸。昭和四年の官邸完成直後の田中義一以来、安倍首相（第九十代）まで、四十三人の宰相が官邸の主となった。幾多の権力闘争の舞台となった首相官邸の歴史と、首相たちの決断の瞬間を再考する。

首相官邸の住所は、東京都千代田区永田町二丁目三番地一号である。昭和四（一九二九）年二月にこの地に建てられたのだが、最初の主人は政友会内閣の田中義一《ぎいち》首相であった。以来、安倍晋三首相まで四十三人の首相が、月並みな言い方になるが、この官邸の主人となったのである。

日本の最高権力者がここを執務の場所とし、そして官邸に併設されていた公邸を私的な生活空間として利用することになった。もっともこの公邸には、実際に住んだ首相もいれば、起居の場所として利用しなかった首相もいる。職住近接を好んだ首相もいたが、私邸を離れたくないとこの公邸にはほとんど入らなかった首相もいるということだ。

平成十八（二〇〇六）年九月のある一日、小雨の降る日の午後だったが、わたしは官邸

の正門から溜池《ためいけ》につながる坂道をゆっくりと下りていった。毎日新聞社出版局のAさんと写真記者のHさんの三人で、官邸の周辺を歩いてみることにしたのだ。正門から三十メートルほど降った道路脇の壁面に、タテ一メートル、ヨコ三十センチほどの金属製プレートが嵌《は》め込まれていた。近づいて確かめてみると、「総理大臣官邸敷地の沿革」とあり、この地がどのような地であったかを説明しているのである。もともとは、「縄文時代の貝塚跡」として知られていたのだが、平成十四年から十七年にかけてこの官邸と公邸は新しく建てかえられた。その工事の折に改めて試掘調査が行われている。

平成十四年五月二十八日付『毎日新聞』の夕刊に「旧首相官邸庭に、大名屋敷跡　首相公邸整備ずれこみ」という見出しの記事が掲載されている。「仕方ない」と関係者は困惑しているとの見出しも掲げられている。この記事のなかに「都教委（注・東京都教育委員会）が念のため、旧官邸の移設先付近（注・旧官邸を南に五十メートルほど移動させる）の試掘調査に当たった。その結果、2カ所で石組みなどの遺構と、陶磁器、瓦、けものの骨などが見つかり、江戸時代前期から幕末まで、譜代大名だった越後村上藩の内藤家が『中屋敷』を構えていたことが判明した。家督を譲った隠居のほか、下働きを含めた計数百人が暮らしていたとみられる」との一節があった。

首相官邸が建設される七十年ほど前は、大名屋敷だったとはいわれていたが、それがより正確に確認されたわけだ。

先のプレートは、「平成十七年十月」に「設置・総理大臣官邸」「監修・千代田区教育委員会」によって設置されたとある。この年四月に現在の首相官邸と公邸は建てかえられている。そして、以前の首相官邸が公邸として首相の私的な生活空間にとかわり、かつての公邸は今は利用されていない。

先のプレートは、こうした事情を理解して読んでいくと、なるほどこの地はまさに〈歴史〉そのものが宿っている地なのかと思えてくる。プレートには、江戸中期には敷地内は二分されていて、北側に旗本屋敷があり、南側は前述の内藤家の中屋敷だったと書かれている。明治期に入ってからはこの地はどのような変遷を辿ったのか、わりに詳しく説明されているので、以下にその部分を引用しておきたい。

首相官邸がみつめた昭和の光と影

「明治3年に鍋島家の所有となります。明治25年に完成したれんが造の洋館は大正12年9月の関東大震災により大きな被害を受け、その後復興局へ売却されています。大正15年、震災復興に伴う中央諸官衙《かんが》計画の一環として、麹町区永田町二丁目一番地旧鍋島邸跡地に総理大臣官邸を新営することとなりました。官邸は昭和4年に完成しましたが、当時は『内閣総理大臣官舎』と呼ばれており、門には表札がかかっていました。その後、官邸の老朽化、狭隘《きょうあい》化が顕著となってきたことなどから、昭和62年、閣議了解により、従来の官邸敷地及びその西隣一帯の区域に新たな総理大臣官邸を整備することになりました」

そして新官邸は平成十四年に、また旧官邸を改修した総理大臣新公邸は平成十七年に完成したとの文字が刻まれている。光沢も新しいこのプレートは設置されてからまだ一年なのだが、ここでこれから十年、二十年、あるいは百年、二百年とこの官邸脇を通る人たちには見つめられるのだろう。いつかこのプレートが風雪に耐えて、私たちの四代、五代先の児孫たちがこの首相官邸の歴史に思いを馳《は》せることがあるだろう。

そう思えばこそ、わたしはこのプレートの一角を手でさわりながら、そのような児孫たちと握手をしているような感を味わったのである。

昭和史にいささかでも関心をもっていれば、首相官邸という語にはとくべつの反応を示したくなる。昭和四年に首相官邸がこの地に建てられたということは、つまりこの空間は昭和という時代を背負って生きてきたということだ。しかも昭和前期（昭和二十年八月までということだが）には、この官邸には首相暗殺を企図するテロリストやクーデターを決行する青年将校などが襲ってきている。昭和中期（昭和二十年九月から二十七年四月二十八日までのアメリカを中心とする連合国の占領支配を受けた期間）にはＧＨＱの将校が首相に会いにくることもあった。そして政治的圧力をかけることもあった。

昭和後期（昭和二十七年四月二十九日以後）にはデモに取り囲まれたこともあるし、ときに暴漢がトラックで突入を図ったりという事件も起こっている。

首相官邸をこの稿でとりあげるならば、どうあれ昭和という時代の光と影をえがかなければならないとの思いがしてくる。

「正座し、皇居のほうをむいて…」

わたしはこの三十年余、昭和という時代を確かめるために延べにして四千人ほどの人に話を聞いてきた。そのなかで首相官邸の歴史的役割は重いとの感を受けた。そのことをわたしはこの稿でひとつひとつ解きほぐしていきたいとも思っている。首相官邸や公邸が昭和の波にどのように洗われたのか、取材メモに記されているエピソードを抜きだしながら、その歴史的重みを確かめたいのだ。

首相官邸の由来を説明しているプレートを読み、AさんやHさんとその内容についての感想を話し合いながら坂道をゆっくりと下っていったのだが、不意に三十年近くも前のある光景が思いだされた。Aさんから、この首相官邸に住んだ歴史的人物に会ったことがあるかと尋ねられたときに、ある記憶が鮮明によみがえってきたといってもいい。

昭和五十四年初夏のことである。このころ、わたしは四十歳を超えたばかりだったが、東條英機という昭和前期を代表する首相の評伝を書きたいと思い、取材をつづけていた。

取材を始めてから五年ほどの期間を経ていた。わたしの世代にはこの軍人首相は太平洋戦争の開戦を指揮し、戦争を継続した責任者であるということで、きわめて評判がわるかった。むろんわたしもそのように受け止めていた。

だが好悪でこの人物を語るのではなく、より具体的な事実をもってこの人物を解剖し、次の世代の者としてこの首相を歴史的に位置づけたいと考えたのだ。

当時わたしは組織に属しておらず、ジャーナリズムの一角で一人で昭和史の聞き書きを進めていた。会いたいと思った人物には手紙を書き、「私は野にあって昭和史を研究している者です」と取材の申し込みをするのである。意外なほど関係者は会ってくれた。五年ほどの間に東條英機の秘書、副官、あるいは閣僚として仕えた者、関東軍参謀長時代の部下や陸相、首相時代の側近、首相官邸詰めの記者、とにかく百人余の往時を知る人びとに会って、わたしのなかにしだいに東條像は固まっていった。

しかしどうしても会わなければならない人物がいた。東條カツ夫人である。もっとも近い位置にいた夫人の証言が得たかった。当時、夫人は八十代後半に入っていたこともあってジャーナリズムにでてくることはなかった。もとより戦後社会でも積極的な発言は控えていた節があった。わたしはある関係者の紹介とわたし自身がどのようなことを尋ねたいのか詳細な質問項目をつくり、それを届けることで取材することができたのである。年齢のせいか一回に会う時間は一時間ほどであったが、それでも二十回近くは会うことができた。

東京・用賀にある夫人の家に出向いた。その応接間の扇風機が回っている光景が思いだされてくる。夫人はこのころにもよく本を読んでいて、つねに本をはなさないと語っていたのが、今も記憶にのこっている。夫のことを「タク」といっていたようにも思う。何回目かの取材で、興味のあるやりとりをした。わたしがなにげなく、昭和十六年十二月八日の開戦前に東條英機首相はどのような心理状態だったのか、開戦のことを洩《も》らしたりすることはあったのか、と質《ただ》したときである。「そんなことは家族には洩らさなかった。私はまったく知りませんでした」と答えた。そしてしばらくなにごとかを思いだそうとしていたのだが、次のような記憶を洩らした（この発言はわたしのメモから起こしている。すでに一部は拙著で紹介している）。

「日本間の私的な執務室（兼寝室）は、昭和十六年十二月に入ると電気が消えることはありませんでした。タクはなにやら書類をめくったり、書き物をしている様子が窺えましたね。私はそのころは女学校に通っていた三女とこの隣室に布団を敷いて寝ていたのですが、十二月六日の深夜だったと思います、タクの寝室から泣き声が聞こえてきたのです。私はなにがあったのだろうと思って、布団から起きて廊下の扉をあけ、タクの部屋を覗いてみたのです。タクは布団の上に正座し、皇居のほうをむいて泣いておりました……」

「日本間」が見てきた最高指導者たち

夫人はあわてて扉を閉めたという。その話をしてしばらくは沈黙のなかにいた。わたしはこのエピソードを聞いたときに、すぐにあることがわかった。昭和十六年十月、十一月、東條は確かに対米英戦争に消極的な天皇や宮中の空気を知っていたのである。開戦を目前にして、聖慮や宮中の空気にこたえることができなかったとの意味を含んでの涙だったのであろう。

「お話のなかの日本間というのは、公邸にある和室のことをいうのですか」

と、わたしは夫人の言のなかのある一言が気になって尋ねた。このころ首相官邸で執務をした人たち、あるいは公邸に住んだ人たちはしばしば「日本間」という言い方をするのである。昭和七年の五・一五事件のときに首相官邸を襲った海軍士官たちもまた「日本間」で犬養毅首相を撃ったと犬養の側近から聞かされた。わたしはこの「日本間」の意味を確かめたかったのだ。

カツ夫人は、「日本間と誰もが言いますが、それは執務をとる官邸ではなく、公邸のことを指してこのように言うようです」と答えた。

とすれば、東條は開戦前に自らの責任のあまりの大きさに愕然《がくぜん》とし、その私的空間のな

旧首相官邸の日本間

かでは皇居にむかって、しきりに自らに天佑神助《てんゆうしんじょ》があることを願っていたことにもなる。首相官邸を語るときに、昭和二十年八月までの昭和前期には「日本間」という空間がしばしば語られるが、官邸での公務とは別に官邸内の私的空間で、首相はどのような考えをもっていたのか、その実像をさぐりたいというのもわたしのテーマになったのである。

首相官邸はコンクリートの高い壁で囲まれているので、内部の様子などまったくわからない。わたしは溜池の交差点へのゆるやかな坂道を下りながら、この壁のむこうにある公邸、今はまったく使われていないと思われる公邸の一室で、東條という当時の政治・軍事の最高指導者が泣いている光景をなんども思い浮かべた。この公邸を含めた官邸から発せられた幾多の命令が、ときに戦争を、ときに敗戦を、ときには国民の怨嗟《えんさ》を、いや、ときには国民の生活すべてを規制していったと思うと、権力のもつ空間の怖さを実感できるのであった。

「総理大臣官邸敷地の沿革」というプレートの文字の行間から、そういう怖さを感じとることが重要だと、改めてわたしは思ったのである。

佐藤首相と官邸前で焼身自殺した老人の戦い

ベトナム戦争が激しさを増す昭和四十二年十一月、羽田に押し寄せるデモ隊をよそに、佐藤首相は沖縄返還交渉のため訪米した。その前日、七十三歳の老人が首相への抗議書を携え、首相官邸前で焼身自殺した。エスペランティストとして著名な老人の死に、宰相は何を思ったのか。

わたしが、地下鉄の国会議事堂前や永田町に降りるのは、国会図書館に行くときか、議員会館に政治家を訪ねるときである。そのときも首相官邸を意識することはなかった。

かつては首相官邸の交差点を挟んで斜め前の一角にたたずんでも、向かい側の坂道の上にある薄暗い建物というイメージしかなかった。正面にはむろん常に警官が立って張り番をしているのだが、ここが日本の政治指導者の執務の空間、あるいは居住の空間とは思えないほど地味である。とくに居住の空間であった旧公邸は「築70年、2DKで雨漏りは補修したが、ゴキブリは多数」(平成十一年七月一日『毎日新聞』)などと報じられていた。

加えて官邸そのものも手狭であり、機能性もなく、老朽化もはなはだしいとして、建設構想がもちあがったのは昭和六十二年の中曽根内閣の時代だったという。その後、内閣官房の諮問機関として「新公邸の整備に関する懇談会」（座長・鈴木博之東大教授）が設けられ、なんどかの検討を加えて平成十二年八月二十五日に整備報告書をまとめている。その骨子は当時の新聞報道によれば、(一) 建築家ライト風の特徴がみられ、歴史的・文化的価値が高い玄関ホールや大ホールなどは適正に保存・活用する (二) 私的な生活空間部分は大規模に改修して首相の「くつろぎの場」とする。加えて家族的な迎賓機能を付加する (三) 耐震・耐久性の向上を図る——というものだった。

そして改修工事は平成十四年から二年をかけて行うとされていた。実際にこの報告書にもとづいて改修工事が進んだわけである。

わたしはこの改修前の官邸の交差点前をほぼ日常的に歩いたときがなんどかあった。その初めは昭和四十二（一九六七）年である。当時わたしは出版社の社員であったが、編集者として近代史のある時期を調べるために国会図書館にかよいつめていた。戦前からの関連の書のリストをつくり、そしてときに日がな一日閲覧席で昭和史の書を読みつづけた。それが春から夏、そして秋にとつづいた。十月ごろはベトナム戦争反対のデモが学生を中心に起こり、この首相官邸周辺にもデモ隊のシュプレヒコールが響いていたように思う。国会図書館のなかからもその騒ぎとそれを制止しようとする機動隊のマイクの声が聞こえてきた。

今回、この稿を起こすにあたり、わたしは毎日新聞社のAさんと首相官邸の周辺を歩いてみたのだが、九月のウイークデイの午後ということもあり、意外なほど静かだった。行き交う車の音がする程度で、日本のどこででも味わえる九月の風が身体を包むことに驚いた。昭和初年代から十年代にかけては、ここにピストルの音が響き、昭和三十年代から四十年代はデモの騒音が風を引き裂いていただろうと思うと、今の時代はそうした音をすべて歴史のなかに埋めてしまったとの時代の奥深ささえ感じられた。

わたしは昭和四十二年のあのころの騒ぎを、国会図書館で戦前の昭和史の本を調べあげながら、耳にしていたのだが、今も記憶が鮮明なのはヘルメットをかぶってデモを行う学生の一団ではない。このときの学生も——わたしは彼らより六、七歳上の世代になるのだが——、団塊の世代として今や定年を迎えつつあるのだろう。時はゆっくりとであるにせよ、人に老いを迫っていくとの思いがする。

同世代人の抗議ゆえに通じた意思

今の首相官邸は平成十四年三月に完成したのだが、地上五階建て、地下一階建てで、交差点の向かい側からみると、最新の建物である。かつての暗い地味な印象はまったくない。

官邸のその向かい側の道で、昭和四十二年十一月十一日の夕刻、ひとりの老人が焼身自殺をとげた。由比忠之進《ちゅうのしん》という七十三歳の老エスペランティストであった。わたしがこのころの学生の騒ぎにとくべつの思いも感慨もない分、この老人のニュースには関心をもちつづけた。その関心とは、老人が日本のエスペラント運動の長老格だったことと、市井《しせい》の一庶民として生きたその姿であった。

あえていえば、佐藤栄作首相のこのときの態度もメディアで報じられたが、その内容も興味深かった。佐藤首相は、首相官邸のなかの公邸には住んでいない。生活空間としてはあまりにも不便との思いがあったのか、東京・世田谷の私邸に夫人とともに日々の生活をすごしていた。この由比老人の焼身自殺を私邸で耳にしたときの佐藤首相の様子は次のように報じられている。

「佐藤さんが寛子夫人と二人の秘書をまじえて食卓を囲んでいるとき、テレビ・ニュースが焼身事件をしらせた。佐藤さんは一瞬、もっていたハシを食卓において、食事を中断したという。

午後八時半、下稲葉秘書官がかけつけ、焼身事件の報告をはじめると、佐藤さんは『知っているよ』とひとこと。そして顔をくもらせ口を堅く結んだ。同秘書官が、由比さんの抗議書の概要を伝える間、佐藤さんは耳を傾けていた。いつもより一時間早い午後九時すぎ、寝室の灯が消えた」（一九六七年十一月十二日付『毎日新聞』社会面）

佐藤首相は、翌十二日午後にアメリカを訪問するため羽田空港を出発することになっていた。アメリカ政府との間で小笠原諸島や沖縄の返還を求めての交渉、さらにベトナム戦争への日本の協力など幾つかの外交上の課題を詰めていくというのである。日米同盟がより強化されるという方向に進む時代ともいえた。

わたしは、佐藤首相が「一瞬、もっていたハシを食卓において、食事を中断した」「由比さんの抗議書の概要を伝える間、佐藤さんは耳を傾けていた」という表現に、なぜかふたりが世代（佐藤首相は六十六歳）が近いゆえに意思が通じあっているのではないかとも思った。焼身自殺をする人物、この男は何者だろう、それほどまで私の政策に反対している、そのエネルギーは何であったのか、との問いをこの首相はその私邸で自問したのではなかったか。

市民運動家と一線を劃す冷めた文体

佐藤首相が耳を傾けていた由比老人の遺書は新聞でも紹介された。この遺書は、実際には檄文《げきぶん》とか斬奸状《ざんかんじょう》というのではなく、「抗議書」と銘打たれていて、しかも「内閣総理大臣佐藤栄作閣下」とその宛て先も明示している。内容はわずか六百三十字ほどで、その末尾には日時も肩書も一切書かれてなく、ただ「由比忠之進」という名前だけが書かれていた。この遺書のなかにある「閣下」という語は、旧体制のときの語であるとして、占領を受けているときの昭和二十二年五月に廃止になっている。社会党の片山哲《てつ》内閣のときであった。

由比老人が旧時代の秩序を支えた尊称を用いているところに、佐藤首相もまた耳を止めたのではなかったか。同時にこの尊称を用いる由比老人の剛直さが感じられる。どういうことかといえば、この抗議書のなかには、「既成左翼」とか「麗句好きの市民派」とは一線を劃《かく》した表現が用いられていたからだ。

焼身場所は首相官邸の交差点の斜め前、つまり地下鉄の国会議事堂前駅をあがって右に曲がる地点になるのだろう。由比老人の見た官邸は夕刻のこと、なおさら薄暗く見え、そして地に沈んでいくかのような光景に映っただろう。午後五時五十分ごろにその地にねずみ色のビニールかばんを置き、その上に一通の封筒を置いた。そして直立したまま胸にガソリンをかけ、火をつけたというのである。火はたちまちのうちに全身を包みこみ、そしてあおむけに倒れた。

通行人がレインコートなどで消す一方で、首相官邸前でデモの警備にあたっていた警官と機動隊が官邸から消火器をもちだしてきて、火を消して虎の門病院にはこんでいる。しかし翌十二日午後三時五十五分に上気道熱症による呼吸困難で死亡した。病院には家族やエスペラント学会の人たちがつめきりだったともいう。

当時の新聞報道を改めて読んでいて気づくのだが、由比老人を責める論調は少ない。むしろ佐藤内閣のベトナム政策にみられる対米追随の姿勢に批判的な空気が感じられるほど

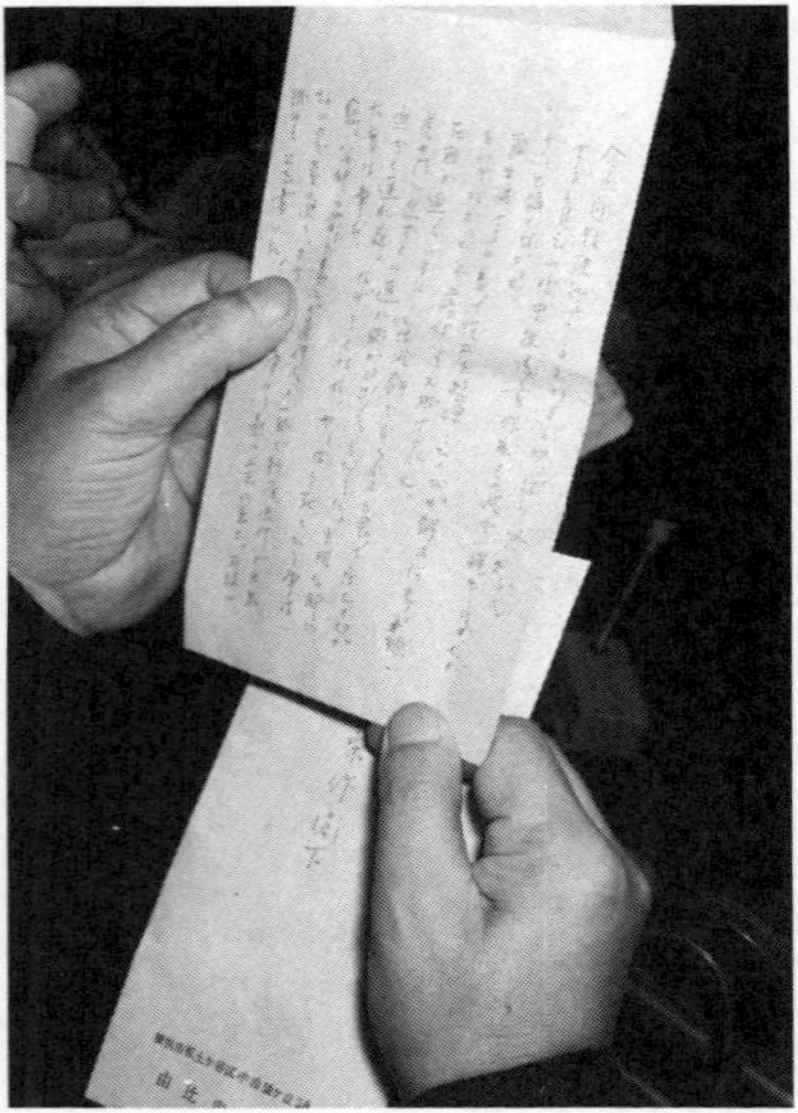

由比忠之進氏の抗議書

である。由比老人の抗議書を紹介するにも、佐藤首相の「弱腰の交渉無意味」といった見出しがつけられているほどだ。

この抗議書の内容は、「佐藤首相に死をもって抗議する」で始まっている。佐藤首相の対米交渉は初めから弱腰であり、まずは請求事項を明確にして交渉すべきなのにそのようなことは行っていない、それは「全くナンセンスである」と決めつけている。そのうえで、ベトナム戦争においてアメリカの北ベトナム爆撃を支持するのは非人間的であり、南北ベトナム庶民はアメリカ軍の使用する残虐な兵器の犠牲になっていると書く。末尾は次のようになっているのだが、このことが由比老人のもっとも強調したいことではなかったろうか。

「ベトナム民衆の困苦を救う道は、北爆を米国がまず無条件に停止するほかない。ジョンソンと米国に圧力をかける力をもっているのはアジアで日本だけなのに、圧力をかけるどころか北爆を支持する首相に深いいきどおりを覚える。わたくしは本日公邸前で焼身死をもって佐藤首相に抗議する。第三国人（保阪注・当事者のアメリカ国民でもベトナム国民でもないとの意味）のわたくしが焼き死することはもの笑いのタネになるかもしれないが真のベトナム平和と世界平和を念願する人々がわたくしの死をムダにしないことを確信する」

抗議書の末尾にあるこの最後の部分にふれたとき、わたしは焼身という行為の激しさとは別にその表現は意外に冷めているとの印象をもった。当時、わたしは二十八歳であったが、この抗議書がどこか現実をつきはなしている印象を受けてとまどったのだ。なぜなら、そのころ市民運動の指導者たちが発表している抗議文は一様に悲壮感で彩られ、行動が激しければ激しいほどそうした抗議文も激烈な内容になる傾向があったからだ。昭和史にのこっている檄文や決起趣意書の類《たぐい》はほとんどがそうだったのである。なぜこの老人はこれほど冷めているのだろうか。

抗議老人の背景が首相をひるませた

今、改めてこの抗議書にふれてもわたしのその印象はかわらない。六十代も半ばに達して過ぎし四十年近くも前のこの焼身事件について考えても、そのときの印象はまちがっていなかったと思う。わたしが四十年を経てこの事件を見つめたときに、改めて気づいたのは佐藤首相の反応とその心理なのである。

佐藤首相は首相公邸には住んでいなかった。しかし由比老人の激しい行動は、官邸で執務をとる首相その人に呼びかけている。しかも「閣下」と呼んでいる。「北ベトナムを爆撃するアメリカ」を支持することを強く諫《いさ》めている。このような内容に、佐藤首相は、実はひるんだのではないか。いや学生たちがさわぎたてるのは、現実社会を知らないし、政治思想に魅《ひ》かれて現実と理論の違いを無視しての行動だとどういう形であれ対応することはできる。

しかし佐藤首相にとって、自分よりも七歳も年齢が上の老人がわが身を焼いて「抗議する」というのだ。佐藤首相はこの老人はどういう人物なのか、社会に影響をもっている人物ではないか、そのことをしきりに知りたがったともいわれている。食事中にハシを止め、抗議書の内容に耳を傾けただけでなく、寛子夫人はアメリカにむかう飛行機に乗るまで、由比老人の容態を気づかっていたという。もとよりこれは佐藤首相の意思ということでもあろう。

由比老人の経歴については、当時も新聞で報じられた。実際にはこの抗議書の前半では、自分はどのような経歴をもっているかも説明されていた。そのことはいささか時代がかった言い方をするならば、官邸前で堂々と名を名のって、そして自らの身と引きかえに佐藤首相を諫言《かんげん》したということにもなる。ここには明確な意思があるだけでなく、歴史的な怒りも見受けられる。その怒りに首相としては耳を傾けなければならないと受け止めたに違いない。

由比老人は明治二十七年に福岡県で生まれ、東京高等工業学校（東京工業大学の前身）を卒業して社会にでたが、戦争が終わったときは五十歳に達していた。人生で何をなすべきかはすでに自らで答えをだしている年齢である。その間の経歴も明かしていた。わたしは首相官邸前でのこの自死のなかにやはり昭和史のもつある断面が宿っているとも思うし、首相官邸の主人だったこの首相も焼身自殺を聞いて、ある時代を思いだし、衝撃を受けたのではなかったか。わたしはそのことを確かめたいと思う。

佐藤首相の政治的野心と市井の老人の諫言

沖縄復帰を最大の目標とする佐藤首相は、アメリカの意に沿い、アジア諸国を歴訪し、ベトナム戦争の正当化に協力した。米国追従外交との批判を無視し、沖縄返還交渉を進める首相は、首相官邸前で焼身自殺した老人の抗議の死を、「困ったもの」と日記に記す。その真意は？

昭和四十二（一九六七）年という年は首相官邸の主人（佐藤栄作）がもっとも忙しい年であった。それは年譜を見てみるとすぐにわかる。その年譜を少し並べてみよう。

二月十一日は初の建国記念日。十七日には第二次佐藤内閣が誕生する。この内閣には、岸信介《のぶすけ》内閣時代の閣僚が目立ったために、右翼片肺内閣とかオールドライト内閣と評されもした。実際、佐藤首相は日本が反共国家であることを明確にする方針をあからさまにしていた。四月十五日には社会党、共産党推薦で美濃部亮吉《りょうきち》[*31]が東京都知事に初当選した。六月三十日には、佐藤首相は戦後の首相としては初めて韓国を訪問、朴正熙《パクチョンヒ》[*32]大統領と会っている。九月七日には、台湾を訪問して蔣介石総統と会見している。

この台湾訪問に、中国政府は「政治的挑発行為だ」として激しい批判を浴びせた。中国では文化大革命が起こっていたときである。

九月二十日には佐藤首相はマレーシアなど東南アジアの五カ国を訪問、次いで十月八日には第二次東南アジア訪問として南ベトナム、インドネシア、オーストラリア、ニュージーランド、フィリピンを訪問している。こうした東南アジア、オセアニア訪問は、十一月十四日に予定されている日米首脳会談に備えての根回しの旅だったのである。

この第二次東南アジア訪問の折に、羽田空港周辺で学生と機動隊が衝突（第一次羽田事件）して、京大生の山崎博昭が死亡している。学生運動が激化していくきっかけの事件でもある。

それにしても佐藤首相はなぜこれほどまでに首相官邸を空けて東南アジアを訪問しなければならなかったのか。つごう四回もあわただしく東南アジアと東アジアへの外遊をつづけている。その理由をさぐっていくと、一九六五年二月から始まったアメリカ軍による北ベトナム爆撃にいきつく。国際社会でアメリカへの批判が急速に強まるなか、佐藤首相はアメリカ擁護の行脚《あんぎゃ》をつづけたのである。日本の経済力を武器にアメリカのベトナム戦争の正当化に忙しかったという意味にもなるだろう。

当時の首相官邸は、いま歴史としてふり返ってみれば、ホワイトハウスの〝アジア支局〟と化していた。佐藤首相はジョンソン大統領のメッセンジャーボーイではないか、とわたしは当時考えたのだが、学生の暴力を伴った反対行動には批判をもったにせよ、日本はここまでアメリカのお先棒をかついでいいのかとの疑問は自民党のなかにもあったように思う。

このときの年譜をながめつつ、そしていまになって思いあたることは、日本の社会はなんと動きの激しいときだったかという感慨だ。街にはデモ隊があふれ、機動隊と衝突をくり返すことも珍しくなかったし、大学構内は学生たちの総反乱という状態になりつつあった。高度成長の光と影が露出し、公害の被害者の姿もしばしば報じられた。わたしはこのころを思いだすたびに、戦後社会が強烈な体臭をはなってその存在を国際社会に訴えかけていたように思う。

日記の欄外に記された老人の氏名

佐藤首相の政治行動をつうじて、「経済大国」の傲《おご》りが日本の体臭になったといえるかもしれない。

十一月十一日に由比老人が首相官邸前で焼身自殺をしたのは、この時代がもっている体臭が七十三歳の身には「生」をあきらめさせるほど強かったからではないか。焼身自殺をしたときの由比老人の遺書（抗議書）には、私は佐藤首相の第二次東南アジア歴訪にたつ二日まえの十月六日付で、『内閣総理大臣佐藤栄作閣下に呈す』抗議書を首相官邸に送っている旨の記述もある。このときの抗議書は当時の新聞報道によるなら、「アメリカの言いなりになっている日本政府」が「ベトナムの問題は当事者同士の話し合いによるのが近道だ」といっているようでは、「私は総理の常識を疑います」との内容だったという。佐藤首相の言動には矛盾があるとの指摘である。

年譜をなぞってみて、改めて由比老人が官邸に送った抗議書や焼身自殺時の遺言を読むと、佐藤首相の心理にもっとも突きささる表現で諫めているのではないか、とわたしには思えてくる。当時、編集者としての生活をつづけながら、国会図書館にもかよいつめて昭和という時代の資料づくりをしていたわたしに、この由比老人の遺書が、佐藤首相にはもっともこたえたのではないかとぼんやりとだが考えていた。

実際に、佐藤首相は官邸にあってこのときの由比老人の焼身自殺をどのように受け止めていたのだろう。それがわたしには気に懸かっていたのだ。佐藤首相の日記は、その死のあとに一般に向けて、一九九八年から公刊されることになったが、なによりもわたしは「昭和四十二年十一月十一日」の日記を読みたいと思っていたので、すぐにその頁を開いた。この日は土曜日である。翌日、アメリカに旅発つことになっているが、「十時半吉田先生の墓に詣でる」とある。十月二十日に死亡した元総理の吉田茂の墓に詣でたということだが、吉田は政治家佐藤栄作の師であった。その吉田に日米首脳会談の成功を祈願したのであろう。

以下にこの日の記述を引用しておきたい。

「十時半吉田先生の墓に詣でる。麻生太賀吉君と偶然一緒になる。蓋し彼氏おまいりした処、写真屋が多いので、小生の現れるまでまったもの。松岡〔洋右〕伯父上の墓にも花をさゝげる。午後官邸で勉強。夕刻横浜の老人、官邸前で焼身自殺をはかる。困ったもの。尚反日共全学連〔連〕中、中央大学、法政、早稲田等でそれぞれ会合をもち、全部中大に集り、明日の出発を実力で阻止せんと計画中とか。警戒益々厳重となる」

そして欄外に、「エスペランチストで横浜保土谷の由比忠之進（七三）」と書いてあるというのだ。

この日記からは、由比老人の死が佐藤首相にはそれほど大きな衝撃を与えたようには窺えない。午後からは官邸にとじこもって、日米首脳会談に備えての勉強をしたという。そのあと官邸から東京・世田谷の私邸に戻って食事をとり、翌日に備えて早寝をしたということがわかってくる。

さらにこの日の記述からわかるのだが、佐藤首相は警備関係者を呼び逐一報告を受けていて、学生たちの動きを的確につかもうと努めている。内心では反対運動の暴力化に強い警戒心をもっていたということだ。そして由比老人については、「困ったもの」と書くにとどめている。しかしこの日の欄外に由比忠之進と正確に名を書きのこし、エスペランチストとも書いているということは、警備当局からある程度の情報を得ていたということになる。なぜ名や年齢も書いたのか。

佐藤首相が、官邸前で焼身自殺をした老人の名を正確に固有名詞で、そしてエスペランチストという〝肩書〟をも書きのこしたことは、自らに抗議する者に対して、内心では真正面からむきあっていたということだ。

歴史に名を刻もうとする者の困惑

わたしは『佐藤栄作日記』のこの頁を開いて、わずかの記述に目を留めたが、佐藤という首相はこの年の自らの政治行動に相応の信念をもっているのではないかと思えてきたのだ。佐藤首相はなぜそれほどアメリカの言いなりになるのだろう。むろん東西冷戦下でアメリカの傘の下にいる日本としては、アメリカに忠義だてしなければならないにせよ、それだけではよくわからない。この首相は何を考えていたのか。

結論から書くが、佐藤首相は沖縄返還を成功させて、なんらの軍事的行為もなしに領土を返還してもらうという功績を自らの勲章にしようと考えていたように思うのだ。歴史に名を刻もうとする政治家の野望である。実際に、これはのちにわかったことだが、佐藤は若泉敬《けい》京都産業大教授（アメリカの政界上層部に知己が多いとされていた）をひそかに密使に仕立てあげ、キッシンジャー補佐官と秘密交渉を進めて、緊急時には沖縄へのアメリカの核持ちこみを認める密約を結んだ節があった。

この政治家としての最後の野望に、誰がどのような形で抵抗するかは佐藤首相にとっての最大の関心事であっただろう。

由比老人のような人間が官邸前で焼身自殺することは、この首相にとってはまったく予想ができなかったのだ。「困ったもの」という表現は、こうした予期できぬ諫言と行動に、どのように対応していいかわからず、「困ったもの」とつぶやく以外になかったともいえるのではないか、とわたしには思えてくる。どのように対応すべきか、しかしまあとにかく自らの意見は一切明かさぬようにしようと肚《はら》を決めたようにも思える。

寛子夫人が容態を案じ、そして死亡を耳にするや哀悼の意を表したというのも、佐藤首相がこの老人を固有名詞の「個人」としてみていたからともいえるのではないか。

エスペランティスト。わたしは昭和四十年、四十一年のころだが、編集者の生活だけでは満足できず、まだなにか学びたいとの思いをもっていた。そんなときポーランドの眼科医であるザメンホフの作成した人造語・エスペラント語に関心をもった。そこで本郷にある日本エスペラント協会が行っている教室にかよってエスペラントの基礎勉強をつづけたことがあった。

一年ほどかよったであろうか、編集者の仕事の奥深さに気づき、それにエスペラントを学んでも国際社会ではエスペランティストの数はそれほど多くなく、実際にコミュニケーションの手段としてはそれほど役だつとは思えないことも知った。それであっさりとエスペラント教室にかようのをやめてしまったのだ。

その縁もあり、わたしは由比老人がエスペランティストであることに興味をもった。そして由比老人とのかかわりを周辺の人に尋ねてみたのだが、由比老人は二十代の後半からエスペラントを学んでいたという。戦争が終わったあとは、名古屋エスペラント会を母体として活動をつづけた。世界平和エスペラント運動の日本責任者だったというから、昭和四十二年のこのときまで彼はたしかに日本エスペラント運動の指導者といってもよかった。

なぜ他の動機を探し回ったのか？

由比老人がエスペラントを学んだ昭和初年代は、この人造語は官憲に徹底して弾圧された時代だった。なぜなら共産主義運動は、人類はひとつの国家をもち、ひとつの階級が権力をにぎり、言語はひとつにしようとしていると、日本の官憲は考えていたからである。ひとつになる言語、それがエスペラント語だと日本の特高たちは考えたのだ。そのために激しい弾圧を受けたのだが、由比老人への弾圧は明かされてはいない。

こうした経緯をみても、由比老人は自らの内面を自らで問うていく警世家という言い方ができるかもしれない。エスペランティストとして「絶対平和」にこだわっていたとも思われる。わたしがエスペラント教室で学んだ折に、講師のなかに由比老人がいたとしてもおかしくない。その距離感が焼身自殺という政治行動を選んだ絶対平和主義者の像を、わたしのなかにつくりあげたのかもしれなかった。

平成十八年十月のある一日、国会図書館にむかう折に由比老人の焼身した地に立ってみた。ウイークデイで落ち着いた日の午後、わたしのなかに由比老人の像がかすかに浮かんできたように思えた。

後日譚がある。佐藤首相の側近たちは、由比老人について二つの事実がないか周囲の人に執拗に聞き回ったという。ひとつは不治の病、たとえばがんを患《わずら》っていなかったか、もうひとつは特定の政治セクトにつながっていなかったか。これらの事実が明らかになれば、佐藤首相への抗議というより、厭世《えんせい》的な自殺、あるいは政治的な意図を含んでの自殺とすりかえられる。

いずれの事実も浮かびあがってこなかったという。老いたエスペランティストで、佐藤首相のベトナム戦争支持を批判する市井の庶民という顔以外はなかったのだ。

佐藤首相が首相官邸で、関係機関をつかってこのような調査をし、その結果は思うような内容ではなかった報告を受けたとき、この首相はどのように思ったか。むろんそうした感想は日記には書かれていない。

だが官邸の外で、自らの名を明らかにして焼身した老人の、その名はしかと首相官邸の内にいる主人に刻まれていたことはまちがいない。脅えをもって、である。

＊31美濃部亮吉
明治三十七～昭和五十九年。経済学者・政治家。東京都知事・参議院議員を歴任。憲法学者美濃部達吉の長男。

＊32朴正熙
一九一七～一九七九年。大韓民国の第五～九代大統領。植民地時代の朝鮮に生まれ、日本の陸軍士官学校を卒業。韓国成立後は国軍に投じ軍事クーデターに参加、政権を奪取し一九六三年に大統領に就任。民主化運動を弾圧し独裁政権を維持したが、七九年側近の韓国中央情報部（ＫＣＩＡ）部長に暗殺された。

五・一五事件――女性たちの証言

現首相公邸の正面玄関のガラスに今も残る一つの弾痕。五・一五事件の際のものか二・二六事件のものなのかは、判然としていない。首相官邸で起きたテロ事件を、首相夫人としてのちに公邸に住むことになる三木睦子氏と、犬養毅の孫娘である犬養道子氏の証言から検証する。

新しい首相官邸が完成したのは、平成十四年三月である。月並みな言い方になるが、二年十カ月の工期、およそ四百三十五億円の工費で、地上五階、地下一階建て、総床面積はそれまでの約二・五倍になった。首相の執務室も七十平方メートルから百二十平方メートルに広がった。

完成時にどのように報じられたかを、当時の新聞で確認してみると、たとえば『毎日新聞』の平成十四年三月十九日の朝刊、「余録」には次のように書かれている。

「政治というどろどろした〝事務〟を扱うにしては、新官邸は場違いなほどスマートな外観をしている。地上5階、地下1階。壁面は強化ガラスになっていて、官邸というより日本風の美術館か博物館を思わせる」「万一の際には正面玄関前の人工池の水を抜いて、へリポートにする」

平成十八年九月のある一日、官邸正面の受付玄関でチェックを受け、細い道を通り官邸三階（これが地上一階にあたる）の玄関に出る。小泉前首相が公邸から出てきて五階の執務室に入るときに、この広間を通るが、そのときに記者団から声をかけられて片手をあげて歩いていく姿が、テレビでもよく見ることができた。確かにこの広間は小さな運動場ぐらいはありそうである。

この広間から正面の車寄せの入口にでる。官邸を訪れる要人たちがここに車をのりつける。実際にわたしたちが正面入口から出て、右側にある公邸にむかうときに、首相に面会するのであろう官僚か政治家と思《おぼ》しき人物が車でのりつけていた。わたしは毎日新聞社のAさんや出版写真部のHさんなどとともに官邸の右手にある公邸の前に立って、官邸職員から説明を受けた。

少々わかりづらいが、この公邸はもとの首相官邸であり、すでに書いたように新官邸が完成したあと南へ五十メートルほど移動させて、およそ八十六億円をかけて改修したというのだ。平成十七年三月のことである。ここは首相の個人的な居住空間として利用されることになった。小泉首相もここに居を定めたが、まさに職住近接の範だった。

この公邸にはむろんわたしたちは入ることができない。それでもその玄関前に立って、ガラス窓に撃ちこまれた一発の弾丸の痕《あと》を見ることはできた。これは昭和七（一九三二）

年の五・一五事件のときのピストルの弾丸か、それとも昭和十一年の二・二六事件のときの痕かは定かではない。わたしたちの説明役を引き受けてくれた職員氏も「二・二六事件と聞いていますが……」とはいうものの定かではない。

旧官邸が新しい公邸に変わっても、この弾丸痕はあえて修理しなかったとのことだ。議会政治を担っていた政治指導者を暴力で襲うという過去の日本の忌《いま》わしい史実を、それなりに保存しておこうということだろう。わたしもそういう姿勢が歴史を正確に語りつぐことだと考えている。だからこの正面玄関の前に立って、テロリスト、あるいは軍部によるクーデターでの議会政治への挑戦という一事に怒りもわいてくるのだ。この怒りこそ、なによりも重要だと思える。

公邸の住人となった三木夫人の感慨

この新しい公邸の前に立って、国会を仰げば、そして周辺の高層ビルに目を走らせれば、首相の居住空間は息抜きの場でありうるのか、と同情したくもなる。かつてこの官邸に隣接する形で公邸があり、そこでは首相が丹前姿で、あるいは私服でくつろいだといわれるが、はたして永田町のこの空間のなかで息抜きができただろうかとの思いがする。

そういう視点でこの公邸に住んだ首相夫人を何人か取材して稿としてまとめたことがあ

った。それはある月刊誌に発表（『文藝春秋』平成六年十二月号、「妻たちが見た総理大臣 権力の密室『首相官邸』で夫人たちが見たもの」）したのだが、その折に官邸職員の何人かに話を聞いたことがあった。むろんそのときの公邸は、現在のこの公邸とは異なっていて、今はこの公邸の裏に記念建築物としてのこっている。

意外だったことは、戦後この公邸に住んだ首相は昭和四十三年になって佐藤栄作首相が寛子夫人と共に私邸から移ってきたのが初めてだったというのだ。つまり戦後二十五年近くは空き家になっていたというのである。前稿でも紹介したが、佐藤首相は当初は東京・世田谷の私邸に住んでいた。しかし過激派のデモ隊が押し寄せてくることもあり、昭和四十三年に入ると、警備当局が「警備上の問題もあるので公邸に住んでいただきたい」と要請し、しぶしぶとそれを受けいれたというのであった。寛子夫人は、「大ネズミの出没も盛んで、モルモットほどの大きなネズミが寝室にひそんでいました」と官邸の職員に洩らしたというエピソードまで語り継がれていた。

わたしとそのときの取材スタッフは、官邸や公邸で、夫の総理大臣の仕事ぶりを夫人たちはどのように見ていたかということを取材するために、存命の元首相夫人たちに次々と連絡をとった。あまりいい印象はなかったのか、ある首相夫人が「首相公邸の生活は人間らしさがなかった。話せばぐちになりますので……」と不快気に語っていたのがわたしには印象にのこっている。

首相夫人の一人は、公邸内部の壁にはある時期まで弾丸の痕があったといっていたし、軍服を着た幽霊がでるという噂まであって、あまりいい感じはしなかったとも洩らしていたのである。

この折に、積極的に取材に応じてくれたのは、三木武夫元首相夫人の三木睦子《むつこ》氏であった。わたしが三木夫人と会ったのは平成六年の九月六日の午後で、東京・五番町にある三木事務所の応接室だった。首相公邸について、次のように話した。わたしのメモからの引用である。そのままの口調でその一節を引用する。

「あのガランとした公邸は、やたら殺風景で、大層広いお風呂場、五十人前、百人前の料理をするような台所があり、それじゃあわれわれ夫婦の住まいにできるところといえば、広い立派な洋間に、大きなそれこそクィーンサイズのベッドが二つ並んでいて、そこにつくりつけの洋服ダンスがあって、テレビがあって、食卓があって、そして片隅に大きなデスクがあって、そこで執務するようになっていて……つまりワンルームマンションなんです」

ときに官邸内も覗くこともあったが、こちらは政治家の執務室として機能的にできあがっている。公邸、つまり私的な居住空間との落差がはなはだしいともいうのであった。わたしがこのときに関心をもったのは、三木夫人は十四歳のときにいちどこの公邸の「日本間」に足を踏みいれたことがあるとの述懐であった。

三木夫人の父森矗昶《のぶてる》*33は政友会の代議士であった。昭和七年の五・一五事件で政友会の総裁で首相でもあった犬養毅がテロによって倒れたとき、父に連れられて「日本間」に行き、布団に横たわっている犬養の遺体に合掌したことがあったそうだ。その四十年後にその公邸に住むことになったのだから、感慨もひとしおだったと述懐していたのをわたしはよく覚えていた。

弾痕が刻むテロとクーデターの違い

現在の公邸、つまり改築前の官邸の正面玄関に立って、弾丸の痕をながめていると、わたしは五・一五事件の関係者や二・二六事件の関係者にこれまで何人か話を聞いてきたことを思いだす。そのなかには決行する側の者も含まれていた。彼ら決行者の側は、犬養を倒さなければ日本の国家改造は不可能であるとして、官邸を襲っている。そしてわたしは、襲われた側と襲った側の証言の境界線にあるのが、この弾丸の痕ではないかと思うのだ。

この痕は二・二六事件のときだろうとも語られているが、わたしには五・一五事件のときのように思われる。なぜなら昭和七年五月十五日の決行者たちの行動を丹念に辿っていけば、五・一五事件での弾痕の可能性が高いと思うのだ。このガラス窓に何発かの弾丸痕があったなら二・二六事件といえるだろう。しかし今にのこっているのはわずか一発なのである。

五・一五事件は海軍の青年士官と陸軍士官学校の候補生たち、そして農民有志（茨城県水戸市の愛郷塾の塾生たち）が決行者の側に立つのだが、官邸を襲った第一組は士官が四人、候補生が五人の九人であった。他の組は牧野伸顕《のぶあき》*34内府邸、それに政友会本部を襲っているが失敗している。農民有志は発電所を襲い、東京市内の停電状態を企図したが、やはり失敗している。この事件は犬養首相を暗殺しただけのテロ事件である。

これに反して、二・二六事件は二十人余の青年将校が千四百人余の兵士を動員し、政治指導者や軍事責任者、それに天皇側近などを殺害している。永田町周辺を四日間にわたり制圧してクーデターを企図している。昭和天皇はこの行動に激しい怒りを見せ、「断固討伐」を主張しつづけたのであった。

テロとクーデターの違い。その違いがこの旧官邸正面のガラス窓の直径四センチほどの丸味のある弾丸痕に刻まれているのではないかと、わたしには思えるのであった。

犬養首相が決行者たちに暗殺されたときの様子として、決行者たちは「話せばわかる」という犬養に「問答無用」とピストルを撃ちこんだ。彼らが官邸から逃げたあとに犬養は公邸の客間でしばらくは「今の乱暴者を呼んで来い。話して聞かせることがある」とくり返していたが、やがて倒れた。すぐに鉄道病院、慶応義塾大学病院、それに東京帝大病院の医師がかけつけてきた。彼らは一様に首をふった。銃弾の入った傷口は小さいのでたいした傷には見えないのだが、体内での損傷はひどかった。犬養は右のこめかみに一カ所、左鼻口に一カ所の傷があった。しかも銃弾が身体から出た跡がないのだ。手の打ちようがなかったのである。

襲撃から五時間ほどあとの午後十一時に、犬養は公邸の一室で亡くなった。七十七歳である。枕辺には政界や官界の要人が次々に訪れた。前述のように三木夫人は父親に連れられてこの枕辺で合掌したというのであろう。

被害者の方が肩身の狭かった時代

わたしは、もう三十年余も前の昭和四十年代後半にこの五・一五事件の内実を調べて書にしたことがあった。その調査や取材の折に気に懸かることがあった。犬養首相の枕辺や事件当日の写真のなかにおかっぱ姿のまだ小学生と思《おぼ》しき少女が写っている。それは犬養の孫にあたる「道子さん、十一歳」と説明されていた。血なまぐさいテロのなかでこの少女の澄んだ目は、わたしにはこの事件の悲劇性をよくあらわしているようにも思えたのだ。

昭和三十年代から文筆活動を始めた犬養道子氏は、幾つかの書（たとえば『花々と星々と』『ある歴史の娘』などだが）のなかでこの五・一五事件のときの思い出を語っている。道子氏は父（犬養健氏）や母とともに犬養首相の日々を助けて、当時、この公邸に住んでいたというのである。それだけに昭和史を変えることになったこの事件の内と外の空気を

犬養首相一家。左から二番目が道子氏

子供心によく理解していた節があった。そして長じるに従い、祖父の筋のとおった生き方に畏敬の念をもっていったことが、わたしにもよく理解できた。

わたしはこれまでに昭和史の聞き書きをすべく出会った人びとのなかでとくに思い出のある人びとを書きのこしてもいるのだが、犬養道子氏を「あの日、首相官邸で昭和の不幸な出来事の目撃者となった十一歳の少女は、政治的には矛盾を重ねながらも、しかし明治人の徳目を守りつづけた祖父の生き方に誇りをもっているのである」と書いたことがある。そのことは道子氏から往時のことを聞いてのわたしの実感であった。

この五・一五事件から六十年を経ての平成四年五月に、犬養家が主催する形で、犬養毅の没後六十年の追悼会と講演会が行われた。東京・永田町にある憲政記念館においてである。わたしは、前述のように五・一五事件の書を著していることもあって、この事件の概要を話してほしいと道子氏や康彦氏（当時、共同通信社社長）に頼まれた。初めて犬養家の人びとと会うことになったが、そのときに道子氏が最初につぶやいた言はわたしにとって非常に印象深いものだったのである。

「あの事件は本当にひどい事件でした。テロにあった私たちの方が肩をすくめて生きていた時代でしたよ」

首相官邸ができて三年目のこの事件で、日本の議会政治は崩壊していくことになったのだ。

＊33森矗昶
明治十七～昭和十六年。実業家・政治家。電気化学製品の国産化を目指し事業を展開。アルミニウムの国産化に成功した日本沃度、合成アンモニアの国産化に成功した昭和肥料の二社を中心とする森（昭電）コンツェルンを形成。大正十三年に衆議院議員に初当選したが昭和七年以降は事業に専念した。

＊34牧野伸顕
文久一～昭和二十四年。外交官・政治家。大久保利通の次男。外務省で各国の駐在公使を経て文部・外務・宮内・内大臣を歴任。軍部・右翼からは親英米派として敵視され、二・二六事件前に引退していたが、襲撃され、危うく難を逃れた。

テロリストを英雄視してしまった時代

五・一五事件の決行者たちには、全国から減刑を求める嘆願書が殺到し、犬養首相の遺族は肩をすくめて官邸をあとにした。裁判は軍部の格好の宣伝の場と化し、後継首相人事も軍部の思惑通りに進んでいった。軍国主義への道は、テロを賛えた民衆が切り開いたともいえる。

昭和四（一九二九）年二月に完成した旧首相官邸は、総面積は三万四千平方メートル、建物の延べ面積は五千三百平方メートルで、このうち公邸分は五百平方メートルだったという。私的な生活空間は一割ていどだったことになる。

本館は鉄筋コンクリート二階建てだったが、公邸は平屋で近代的な建築法を採用している。本館は欧米風の建物だった。建築家のフランク・ロイド・ライトの設計する建築に似ているので、ライト風ともいわれてきた。この旧官邸の見取図を見ると、官邸と公邸は廊下でつながっていることがわかる。官邸の奥に広がる中庭、そこには植え込みがあり、そして外壁があって、官邸の住人たちの安全を守っている。

表門を入ると左手に警察官詰所があり、玄関前にはソテツの植え込みがあったとされている。こう書いていくとすぐにわかるのだが、官邸、公邸それ自体はそれほど豪華でも派手でもない。むしろ質素であり、昭和四年に完成したという意味では当時の国力がこのような規模であったということかもしれない。

この官邸を設計したのは、当時大蔵省営繕管財局の係長だった下元連《むらじ》という。もっと

旧首相官邸（上）と帝国ホテル（下）

も下元はその生存中に「帝国ホテルの真似をした、ライト風だなどといわれていますが、私としてはライト以上と自負しています。むしろ総理官邸としてはモダンすぎるかと思ったほどです」と語っていたという（旧首相官邸で働いていた職員の言）。実際に当時の新聞は、首相官邸を「昭和の日本を代表する」と賞《ほ》め賛えてもいる。

完成時の田中義一首相は、すぐにここに移ったという。首相に就任するというのは、この公邸に住むのと同義であり、そのころは「末は博士か大臣か」という時代でもあったから政治家、軍人、官僚などにとっては、最終的にここに住むことは官位栄達のゴールだった。そういう思惑のなかで、公邸に住んだ四人目の首相である犬養毅は、そういう俗な人生目標とは一線を劃《かく》した政党政治家であった。いちどは政界を退くつもりでいたのに、昭和六年九月の満州事変以後の日本の政治を舵とりするために政友会の総裁にかつぎあげられて首相となり、この官邸の主人になったのだ。

昭和七年五月十五日に首相官邸を襲った五・一五事件は、官邸の住人に対する攻撃ではあったが、同時に「昭和の日本を代表する」空間を暴力で支配しようとのテロ事件でもあった。官邸はすでに三年目にして暴力にみまわれることになる。しかもこの五・一五事件は、昭和前期の歴史を大きく変えることになったのだ。どのように変えることになったのか。それは「動機が正しければどのような行動をも認められる」というカタルシスの伴った主観主義の中に未成熟な日本社会が落ちこんでいったといっていいかもしれない。

前稿で記したように、犬養毅を回想した犬養道子氏は当時公邸に住んでいた。十一歳の目で官邸のなかから日本社会の異様さを自覚したことになる。それが「あの事件は本当にひどい事件でした。テロにあった私たちの方が肩をすくめて生きていた時代でしたよ」という述懐につながったのだと思う。

涙の大キャンペーンとなった公判

五・一五事件を調べていると、海軍側、陸軍側、そして民間側と決行者はそれぞれの側に分けられて裁かれているが、この法廷をつうじて日本社会には異様な空気がかもしだされていった。もともとこの事件の直後に荒木貞夫《さだお》[*35]陸軍大臣は、「本件に参加したものは少年期から青年期に入ったやうな若いものばかりである（保阪注・陸軍士官学校の候補生はいずれも十代の終わりか二十歳に達したころだった）。これら純真なる青年がかくの如き挙措に出でたその心情について考えれば、涙なきを得ない。名誉のためとか私欲のためとかまたは売国的行為ではない。真にこれが皇国のためになると信じてやったことである」と述べ、「行為はわるいがその心情はわかる」という論を堂々と社会に向けて発していて、それが伏線にもなったのだ。

昭和七年七月二十五日から八月十九日まで八回にわたって、その陸軍側公判が開かれている。そのことについて、わたしはかつて拙著（『五・一五事件　橘孝三郎と愛郷塾の軌跡』昭和四十九年刊）のなかで、次のように書いた。

「（この裁判は）裁判というより陸軍の一大宣伝戦といったほうがふさわしかった。被告は泣き、裁判官も泣き、弁護士も泣き、これを報じる新聞記者のペンも泣き、読者も泣き……。涙、涙の大キャンペーンだったのである。（略）まず士官候補生たちは『信念に従い行動したのだから死はすでに覚悟の上。今更弁護の力で生き長らえるつもりはない』と弁護士を拒否した」

といっても弁護士をつけないわけにはいかない。「彼らの信念に打たれた」という弁護士が次々と名のりでてたちまちのうちに八人の弁護士がついた。この候補生たちは法廷で自由に発言が許されたのも異常なことだった。決行者のひとりは砲兵科の首席で二カ月後には恩賜《おんし》の銀時計をもらって卒業して軍人の道に進むことに決まっていた。その彼が、西郷隆盛の「名もいらぬ金もいらぬ名誉もいらぬ人間ほど始末に困るものはない」という遺訓に打たれ、非常時日本が必要としているのはこういう始末に困る人間なのだと言って、事件に参加したと涙をまじえて語った。さらに故郷の農村の疲弊《ひへい》を語るときにはなんどもタオルで涙をふき、絶句し、そして政党政治の腐敗を批判した。

裁判長が訊問中に彼らにいたわりの言葉をかけるなど、被告をかばう様子がありありと窺えた。裁判官のひとりは彼らの言に涙を流すという有り様でもあった。司法記者も「こんな感激に満ちた公判に立ちあったことはない」と語り、どの新聞の紙面も次々に陳述する候補生たちの証言に甘い紙面をつくっていったのであった。

そして彼らのひとりは

「政党は師団半減論、軍備縮小を唱え軍部を圧迫しつづけている。しかし私はそれ自体を恨むのではない。制度により動かされる人を恨むのです。犬養閣下は立派な人でした。清廉潔白な民衆政治家であったと承知しております。支配階級の犠牲として生命を落とされました。まったく御気の毒に思います。私は支配階級が犬養閣下の逝去によって覚醒し、その英霊を弔《とむら》わんことを念願してやまないのであります」

と法廷で発言するや、号泣《ごうきゅう》したのだという。

感傷的な気分のみが国中を覆って

海軍側の法廷も似たようなものであった。被告たちは自由に発言を許され、当時の有力月刊誌には「泣いて五・一五事件の公判を聴く」という記事が掲載された。弁護人には、軍神扱いの東郷平八郎から「私には士官の気持がよくわかる。彼らの志を国民に知らせてほしい」との伝言があったとも報じられた。民間側の裁判でもまた同じように被告に同情する空気がつくられていった。

減刑嘆願運動が全国に広がった。新潟県からは小指九本を小箱にいれて荒木陸相に送りつけられた。血書も数多く法廷には届けられた。被告人には一日に五通の割合で励ましの手紙が届いたというのだ。嘆願書は各方面に送られたが、それは百万通に及んだとされる国民運動だったのである。逆に首相官邸には、犬養首相を批判する手紙が数多く届いた。犬養道子氏がいみじくも語ったように、「テロにあった側」が身を小さくして生きていく時代になったのである。

わたしはこうした五・一五事件の内実を調べていて、陸軍側の判決の日に演じられた光景をまるで美談としてとりあげている報道の姿勢に啞然とさせられる思いをもった。初老の婦人が傍聴席の前に進みでて、涙を流しながら、手すりにつかまって、「裁判長さま、どうぞこの若い青年たちに温かい判決をお願いいたします」といったというのだ。

評論家の清沢洌《きよし》は、当時『改造』（昭和八年十一月号「五・一五事件の社会的根拠」）に、国民の五分の四は一連の法廷によって「日本主義を代表する大衆」にかわっていった、あるいはその心情に火がつけられたと語っているが、たしかにそれはあたっていた。信濃毎日新聞の主筆である桐生悠々《ゆうゆう》は、「凶漢をその配下から出した『当の責任者』（保阪注・荒木陸相のこと）が申訳なしともいはず、後継内閣へ注文をつけて政治に狂奔《きょうほん》する。この前代未聞を不思議と思はない。事ほど日本のたがは弛《ゆる》んだ」と書いた。

こういう冷静な分析は少なかった。日本社会が異様な空間になったのだ。

この社会現象のもとで、軍部は政党政治の解体を意図し、挙国一致内閣でなければ非常時がのりきれないとして元老の西園寺公望に親軍的人物を首相に据えるよう画策した。リベラリストの西園寺はそれに抵抗するものの政党政治の常道を無視し、挙国一致をめざして、首相に海軍長老で天皇側近の斎藤実《まこと》を推し、天皇に奏請したのであった。

こうした一連の動きをどのように表現すべきであろうか。一言でいえば、首相官邸は社会がつくりだすあまりにも感傷的で理性を失った空気に包囲されて、正常な機能を失っていったということである。たしかにまだ官邸は、日本の政治を動かす中心ではあったが、その実、少しずつ陸相公邸や海相公邸にその権限が移行していく予兆がこの事件には含まれていたのである。

一連の動きが終わったあと、『ニューヨーク・タイムズ』は、「日本のテロリズム」と題する社説を掲げた。そのなかに「日本国民がこれらテロリストの手段に乗って国家の目的から後退し、驚きのあまり恐慌状態に陥り、もしもテロリストたちに動かされてしまうならば、日本国民は文明国民としての誇りを維持することができないことを自覚せねばならない」との一節があった。実際にこの事件以後、日本は満州建国をめぐって国際連盟でも孤立し、やがてそこから脱退して国際社会でも孤立していくのであった。

陶酔した政治心理を諌める弾痕

五・一五事件から六十年を経ての犬養毅没後六十年の講演会で、わたしは五・一五事件のこの不透明さを話すことになった。憲政記念館には、犬養家にゆかりのある人たちやその教えにふれた孫弟子たち、それに現職の岡山県出身の代議士も集まっていた。平成四年の五月、わたしはこの事件を批判するあまり、あるいは犬養家にゆかりのある人びとの集まりとあって、犬養毅という政治家に遠慮した内容を話しつづけた。

心中では犬養も明治三十年代から孫文《そんぶん》*36と同志関係にありながら、辛亥《しんがい》革命以後は徐々に距離をおいていったとの不満があり、それを話そうかとの迷いもあった。しかし、わたしは犬養をいくぶん完全無比な政治家として賛えつつ、話を終えた。

次に演壇にあがった犬養道子氏は、わたしにむかって「過分に賞めていただきましたが、祖父も政治家としては矛盾を背負いこんでいたのです」と諭《さと》した。このとき、わたしはこうした客観的な目をもたないでいる自分、たとえこうした席でも功罪はきちんと論じなければならないのにそうできないでいる自分、その自分に自責の念をもったのである。

これでは、わたしは五・一五事件のときの「五分の四の大衆が日本主義」に傾いたのと同じではないか、状況に流されることではないか、と思ったのだ。そのことを犬養道子氏は教えてくれたように思えた。

首相官邸はこの事件以来、つまり官邸のなかで首相がテロにあって死亡するとの不祥事以来ということになるのだが、不吉な噂が流れるようになったらしい。それはこの事件から四年後の二・二六事件後、なおのことまことしやかに噂が流れるようになったのではないかと思う。たとえば、軍服姿の兵士が夜な夜なあらわれるという類の噂である。

現在の公邸（これがかつての旧官邸ということになるのだが）の前に立ったときに、実はこの空間は、「昭和の日本を代表する」としてスタートしたにもかかわらず、こと戦前に限っていうなら「昭和の日本の教訓を教えている」という意味のほうが強いとの思いをもった。正面玄関のガラス窓にピストルの弾丸がつき抜けた穴があるが、それがなによりもの証しであった。あの痕跡《こんせき》をわたしたちは日々確認することによって、「動機が正しいと思うなら、何を行っても許される」という陶酔した政治心理をふり払うことを肝に銘じなければならないと覚悟すべきなのである。

＊35荒木貞夫
明治十～昭和四十一年。軍人・政治家。陸軍大将。皇道派の重鎮として人望を集めたが二・二六事件を契機に退役。戦後、A級戦犯として終身禁固刑を受けたが病気を理由に仮釈放された。

＊36孫文

一八六六〜一九二五年。近代中国の革命家。一八九四年に興中会を組織し挙兵を図るが失敗。一九〇五年に日本で中国革命同盟会を結成。一一年に辛亥革命を成功させるが、北洋軍閥の袁世凱に追われ日本に亡命。中国国民党を組織し第一次国共合作を実現したが、北京で病死した。

二・二六事件――軍靴に蹂躙された官邸と日本政治

陸軍の青年将校二十余人が千五百人の兵士を動員して決起した二・二六事件。首相官邸は最大の標的となった。岡田首相は奇跡的に逃れたものの、官邸や永田町周辺は四日間にわたり反乱軍に制圧された。軍部への恐怖が、政治家を沈黙させ、その後の日本の運命を狂わせていく。

首相官邸が完成してから七年目、五・一五事件からは四年目、その首相官邸は再び暴力と殺戮《さつりく》の場となった。昭和十一（一九三六）年二月二十六日に起こった、いわゆる二・二六事件というクーデター事件である。

この日午前五時を期して、青年将校二十人余に主導された兵士千五百人がこの首相官邸をはじめ陸相官邸、侍従長官舎などを襲い、天皇の側近ともいうべき要人たちを暗殺したのである。天皇はこの報を受けるや激怒し、「断固討伐」を命じた。四日間にわたって永田町や三宅坂を制圧していた反乱軍にいささかの同情も示さなかった。一貫して討伐の姿勢を変えなかったのだ。

首相官邸を襲ったのは麻布歩兵第一連隊の栗原安秀中尉を中心とし、対馬勝雄中尉、竹島継夫中尉らの将校、そして七名の下士官、兵士二百七十六名である。この事件鎮圧後に行われた軍法会議で法務官をつとめた法務少将の小川関治郎の手記には、次のように書かれていた。

「岡田首相官邸は栗原、対馬両中尉、林、池田両少尉が下士官等約三百名を引率指揮して襲撃した。官邸の玄関その他の硝子戸を破壊して乱入し、首相の所在を捜索した。そのうち中庭にのがれてゐた首相秘書官事務嘱託で岡田首相の従弟、予備役陸軍大佐松尾伝蔵を発見し、之を岡田首相と誤認して射殺し、外に護衛巡査四、五人を殺害した。岡田首相に酷似した松尾氏の遺骸をもってあたかも首相の死体の如く装ひ、祭壇等を設け、しかもそのまま岡田首相の私邸に運び、何人も疑ふものなく、首相の霊柩なりとして礼拝した」

決起将校たちは、岡田啓介首相の顔を正確に知らなかったのだ。岡田は襲撃を知るとすぐに、私邸にあたる公邸の風呂場に逃げ、その後女中部屋に避難し、そして五、六人の女中たちが押し入れの布団の中に岡田を匿《かくま》ったのである。こうして岡田首相は凶刃《きょうじん》から逃れることができた。

その後、岡田は首相の「死体」に別れを告げにきた人波のなかにまぎれこんで、官邸から脱出することに成功したのだ。

この間の動きを克明に追ってみると、まさに一編のドラマができあがるのだが、しかし悲惨なのは官邸の警備にあたっていた警官が青年将校や下士官に射殺され、彼らはしばらくは官邸のなかに放置されていたことだ。

当時、岡田内閣で秘書官をつとめていた迫水久常《さこみずひさつね》[37]は、昭和三十九年に『機関銃下の首相官邸』という書を著している。迫水は官邸の裏門前にある秘書官官舎でこの日の朝をいつもと同じようにむかえている。官邸の周辺がうるさくなったので眼をさましたという。その著によると、「ピーッ」という官邸護衛の警官の呼子の音が聞こえると、すぐに「パーン、パーン」と銃声も聞こえてきたという。この秘書官室から警視庁に電話をいれてみた。すると、「首相官邸のベルが鳴ったので、警視庁でも小部隊が編成され、官邸にむかったところだ」と聞かされている。

二・二六事件で反乱軍が占拠した官邸。「尊皇維新軍」の旗を掲げた

五・一五事件のあと、首相官邸と警視庁の間には、官邸に異常があると非常ベルが鳴るようになっていたというのである。

さらに迫水のこの書では、官邸の護衛にあたっている小館巡査、清水巡査などが立哨の場で殺害されていたという。官邸を襲った決起部隊は護衛の巡査を情け容赦なく殺していることがわかるのだ。のちに岡田は自らの回想録に、このときの襲われた状況について書きのこしているのだが、そこには「襲撃を受けたときに官邸にいた男子はみな死んでしまった」とも書いている。

事件のすさまじさを伝える岡田証言

迫水の書は、岡田の回想録や、のちに岡田から聞かされた証言などをもとに、襲撃の様子を書きのこしている。その箇所を読んでいくと、岡田も午前五時ごろの非常ベルで目が覚めたという。公邸の自らの寝室であった。そこに巡査や松尾伝蔵がかけつけてきて、「きました、きました」と軍人の一団が官邸を襲撃してきたことを伝えた。まるで襲撃されることを予想していたかのようでもあった。そして次のような会話があったという。

「とうとうやってきたか。それでどのくらいだ」

「軍隊がいっぱいです」

「じゃあもう仕方がないじゃないか」

海軍の長老でもある岡田は、軍人のテロ、あるいはクーデターで殺害されても仕方がないと覚悟を決めたのだ。このとき六十八歳である。ところが松尾や巡査が寝室の前の廊下の雨戸の非常口をあけた。岡田は、「とっさに松尾は庭の裏手の抜け道から自分を逃がそうと思ったらしい。この抜け道は、五・一五事件で犬養さんが殺されたのち、なにかの役に立つだろうというのでつくったもので、山王方面へ抜けているらしかった」と話している。

巡査がその非常口から出てみると、兵士たちと撃ちあいになり、射殺されている。そこで松尾は岡田をそこから脱出させるのをあきらめて風呂場に隠したという。松尾自身はそこから出て中庭に様子を見にいっている。そこからの岡田の証言にはすさまじいものがある。二・二六事件のもつ残虐さはたしかにこの光景のなかからも浮かびあがってくるのだ。「中庭に誰かいるぞ」との兵士たちの声が聞こえる。岡田は風呂場の窓から中庭をのぞいてみると、松尾が戸袋によりかかるようにして立っている。岡田の寝室前の廊下には五、六人の部下をつれた下士官がいた。その下士官は兵士にむかって「撃て、撃て」とどなったが、岡田の証言によるなら「兵隊たちはみなだまって、つったったままで、撃とうとしない。すると下士官は怒って、『きさまら、すぐ満州に行かなければならんのだぞ。満州にゆけば、朝から晩までいくさをやるんだ。いまから人の一人や二人うち殺さんでどうするか』というようなことをどなっている。とうとうためらっていた兵隊たちも、窓ごしに松尾を撃った」というのである。

のちに松尾の死体は解剖されたが、十五、六発の弾丸が入っていたうえに、数カ所も銃剣でえぐられた跡があったといわれている。

岡田は、首相として自らの身代わりとなった従弟の元軍人が殺害される光景を目撃したのだ。とくにここで重要なのは、下士官（岡田は下士官と書いているが、青年将校のひとりだと思えるのだが）の言である。彼らがこのクーデターにふみきったのは、満州に派遣されることを察知し、その前に決起行動にでたのだ。しかも兵士たちはまだ初年兵の者が多く、彼らは将校たちの命令によってクーデターに参加したのだから、いわれもなく殺害にふみきる心理をもっていたわけではないということがわかる。

岡田は、陸軍にあっては下級兵士たちもまた犠牲者であるとの思いを新たにしたのであろう。つけ加えておけば、太平洋戦争に至るプロセス、そして戦時下での終戦工作にもっとも熱心だったのは、重臣として発言権をもっていた岡田であった。

二・二六事件の際の官邸の主人はこうしてとにかく生き延びた。風呂場に隠れ、青年将校たちのわずかな隙を見て女中部屋に案内され、そこで押し入れの布団の中に隠れている間、その生存を知る者は皆必死に演技をしていたのだ。

事件以後、銃剣の圧力が日本を支配

首相官邸の正面玄関にある弾丸痕は、わたしには二・二六事件の際のものとは思えない。もし二・二六事件であるなら、もっと何発もの弾丸痕がなければならない。あるいは、二・二六事件のときの護衛の警官たちは、決起部隊の将校や兵士と撃ちあって亡くなったのであり、ただ一発だけ正面玄関の屋根近くにあるガラス窓の弾丸痕は、クーデターに身体を張って守ろうとした警官たちの意気ごみとみたほうが似合っているとわたしには思える。

二・二六事件によって、日本社会は大きくかわってしまった。議会は銃剣の圧力を受けて、少しずつ沈黙していった。政治家は軍が圧力をもって支配してくることに脅え、しだいにひそひそ話もしなくなっていく。そのことは、この首相官邸への新たな主人に誰を擬《ぎ》するかという点で、天皇周辺の宮廷官僚たちの間にも混乱が起こってきたことでわかってくるのだ。

議会政治にはすでに誰もが期待をかけていなかった。後継内閣は枢密院議長の一木《いちき》喜徳《きとく》郎《ろう》*38のもとで練られることになったが、平沼騏《き》一郎《いちろう》だ、近衛文麿だ、などと名前だけは挙げられる。しかし誰もがその打診に固辞する。そういう折、湯浅倉平《くらへい》宮内大臣、広幡忠隆侍従次長らと食事をしていた一木が、なにげなく「広田でどうだろう」と言いだし、それに湯浅、広幡も賛成し、木戸幸一から、西園寺公望に伝えられたというのである。広田弘毅は駐ソ大使を経験していて、ソ連との外交に自信もあるはず、それにアメリカ、イギリスにも敵対する外交官ではないというのが、実質的に次期首班を選ぶ立場になっていた宮廷官僚たちの共通の受け止め方であった。

広田の説得役に、西園寺は近衛に白羽の矢を立てた。しかし近衛はその役を友人の吉田茂にも頼み、つまり二人で広田を説得している。広田は承諾し、そして天皇からの大命を拝受することになった。

広田はすぐに、自らの考える組閣人事を明らかにしている。そのことが三月六日の新聞で一斉に報じられた。官邸の新しい主人として、とにかく二・二六事件後の日本の政治の舵とりはまず暴力的な構図を打破しようとの意気ごみがあったのだ。しかしこの人事に陸軍の幹部たちが不満を示した。そして次のような不満をもっていると、首相官邸に伝えてきたと『広田伝』（昭和四十一年、広田弘毅伝記刊行会編）には書かれている。その不満は五項目とされるが、そこには次の人事が含まれていた。

「牧野伸顕の女婿である吉田茂を外相に据えること」「自由主義の急先鋒である朝日新聞の下村宏《ひろし》*39を入閣させること」「国体明徴《めいちょう》の観念に疑義のある小原直《なおし》*40を司法大臣に留任させようとすること」

すでに誰が首相になっても、陸相に就任するつもりになっている寺内寿一や海相予定の永野修身というふたりの大将は、こうした要望を幾つも官邸で広田につきつけたのだ。このふたりの要求がいかに国策を歪めるものであったかは、内大臣秘書官長の木戸幸一の日記（『木戸幸一日記』）にも書かれている。なにしろそこには、国内政策として「軍備の充実」「国体明徴」「情報宣伝の統制」、さらに国防費の増額と要求は果てしなかった。

目まぐるしい首相交替の果てに

広田は、つまりはこの要求を受けいれている。広田内閣は昭和十一年三月九日から、翌十二年一月二十三日までの一年足らずの期間である。だがこの期間に、陸海軍大臣現役武官制、軍事費の増大など陸軍の目ざす方向を実際に進める役割を果たした。つけ加えれば、広田が極東国際軍事裁判（東京裁判）で、文官側からただひとり絞首刑の判決を受けたのは、このわずかな期間に軍部横暴を許したことがその理由になっている。

軍部が二・二六事件という暴力を背景に、無理難題を広田に押しつけ、議会では議員を侮辱するが如き態度をとった。本書の「国会が死んだ日」でもとりあげたが、政友会の浜田国松が寺内陸相との間でくり広げた「ハラキリ問答」は、こうした軍部への態度に対する政治の側からの反撃だったのだ。

首相官邸の住人は、二・二六事件以後は目まぐるしくかわっていく。広田内閣の約十カ月につづいて、林銑十郎はわずか四カ月、第一次近衛内閣は一年七カ月、平沼騏一郎は八カ月、阿部信行《のぶゆき》は五カ月半、米内光政内閣は六カ月、そして昭和十五年七月に第二次近衛内閣が登場する。この内閣とて約一年、つづいての第三次内閣も三カ月、このあとに東條内閣が誕生して対米英戦争に突入していくことになる。

二・二六事件以後の首相たち。右上から下へ広田弘毅、林銑十郎、近衛文麿（第一次）、左上から下へ平沼騏一郎、阿部信行、米内光政

六人、四年にわたった短命内閣、このうちの何人の首相が実際に官邸の住人になったのだろうか。なかには荷ほどきもしないうちに去っていった首相と家族もいたことだろう。広田は二・二六事件後に公邸に住むのに抵抗して公邸の庭に仮の小さな家屋を建てたというが、こうした首相たちにとっては官邸はまだしも公邸での日々の生活は、いつ軍人が襲ってくるかと不安だったにちがいない。官邸の住人たちが暴力に脅えたときから、すでに日本の議会政治は崩壊していたといっていいのだ。

＊37迫水久常
明治三十五～昭和五十二年。官僚・政治家。大蔵省に入省。岡田啓介首相の秘書官となる。鈴木貫太郎内閣では内閣書記官長として終戦工作に取り組んだ。戦後は公職追放を経て昭和二十七年に衆議院議員初当選。のち参議院に転じ、第一・二次池田勇人内閣で経済企画庁長官、郵政大臣を歴任した。

＊38一木喜徳郎
慶應三～昭和十九年。法学者・政治家。東大教授のまま内務書記官、貴族院議員、法制局長官などを兼任した。第二次大隈重信内閣で文部・内務大臣、ついで宮内大臣を歴任。昭和九年に枢密院議長となるが天皇機関説との関係を軍部に攻撃された。

＊39下村宏
明治八～昭和三十二年。官僚・新聞経営者・政治家。逓信省、朝日新聞社を経て貴族院議員、

日本放送協会会長を歴任。終戦時は内閣情報局総裁を務めた。

＊40小原直

明治十〜昭和四十一年。官僚・政治家。司法大臣、貴族院議員、内務大臣兼厚生大臣を歴任。戦後、第五次吉田内閣で法務大臣、ついで国家公安委員長を務めた。

真珠湾攻撃当日、官邸での小宴

昭和十六年十二月八日夜、陸海軍首脳と東條首相が信頼を寄せるスタッフが集い、官邸内の一室でささやかな宴が開かれた。東條はこの席で「これでルーズベルトは失脚するだろう」と豪語し、参会者も同意したという。このような甘い認識のもとで、太平洋戦争は始まった。

首相官邸の一階に会議室ともいうべき一室があった。この一室が急遽食堂に早がわりして、首相とその側近たちが集まって小宴を開いたことがあった。

今風の言葉でいえば、パーティということになるのだが、このような宴会が開かれたのは官邸の完成以来、このときが初めてではなかったろうか。昭和十六（一九四一）年十二月八日の午後七時からである。いうまでもなく、この日未明に日本海軍の攻撃機が真珠湾奇襲攻撃を行い、予想をはるかに超える戦果をあげていた。しかもこの攻撃によって、対米英を始めとする連合国との間で戦争が始まることになったのである。

東條英機首相兼陸相兼内相、つまりはこの戦争の指導にあたることになった軍人首相が、もっとも心を許している軍事、政治指導層の要人を招いての夕食会という名目であった。

声をかけられたメンバーは、陸海軍の軍人たちとほんのわずかの文官たちだった。名前を挙げていけば、陸軍からは参謀総長の杉山元《はじめ》、参謀本部第二部長の岡本清福《きよとみ》、陸軍省軍務局長武藤章、海軍側からは海相の嶋田繁太郎《しげたろう》、海軍次官沢本頼雄《よりお》、海軍省軍務局長の岡敬純《たかずみ》、軍令部総長の永野修身、それに情報局総裁の谷正之《まさゆき》、法制局長官森山鋭一《えいいち》、外務省アメリカ局長山本熊一《くまいち》、そして東條内閣の書記官長である星野直樹《なおき》である。さらに三人の秘書官（赤松貞雄《さだお》、鹿岡円平《えんぺい》、広橋真光《ただみつ》）が末席に座った。

　この夕食会のメンバーは、対米英戦の中心人物ともいえたが、本来ならここに出席していなければならない参謀本部の第一（作戦）部長の田中新一《しんいち》、あるいは陸軍次官の木村兵《へい》太郎《たろう》らは出席していない。海軍にしても軍令部第一部長の福留繁《しげる》が出席していないのはおかしい。それだけにこのメンバーは、いわば東條人脈のなかに組みこまれているスタッフといえた。加えてこれからの戦争指導でもっとも支援をしてくれそうな人たち、という意味があったのだろう。

　なぜ詳細に参加者のことまでわかったか。三人の秘書官は交代で公務の日記をつけていたが、その折に私的なこともかなり書いている。わたしがそれを知ったのは、昭和五十年代に東條英機の評伝を書いてみようと思いたち、関係者に話を聞いて歩き回ったときだった。その折に秘書官のひとりである赤松貞雄氏からこの私的な日記の存在を教えられ、それを借り受けたことがあった。日記には、この夕食会のときの席順とか誰を主賓にするか

（結局は中央に東條が座り、その正面に嶋田海相が座っている）といった内容が紹介されていたのである。

わたしがこの夕食会に興味をもったのは、真珠湾奇襲攻撃に成功したあとの興奮状態がこの夕食会にもちこまれているからであった。つまり当時の日本の指導者は、奇襲攻撃の成功に喜色を浮かべて祝杯をあげていたが、これからの日本はどうなるのだろう、この戦争はどのように推移していくのか、そのような重い問いかけは考えまいとしているかのように思えたのだ。

行うべきは祝宴を開くことだったか

平成十八年九月に、わたしは初めて現首相官邸の内部を見たのだが、そのときに旧官邸（今は公邸になっている）のこの一室への入室を望んでいた。今はどう改築されたのか、あるいは改築されなかったのか、わたしにはわからない。しかしその一室にはいることで、つまりその空間のなかでかつての軍事指導者たちが喜色を浮かべたあの日を想像してみたかったのである。

そしてその一室で、東條を始めとする当時の軍事指導者たちを〈歴史〉のなかから呼びだして、「あなたたちはなんと無責任な指導者なのか。戦争を始めたその日に行うことは祝宴を開くことではない。この戦争をどのようにおさめるかを真剣に論じているべきではなかったのか。祝杯をあげるような軽率さが六十五年近くを経て今に至るも禍根をのこしている」と問いつめたかった。〈歴史〉を過去の出来事とするのではなく、現在にまで通じている教訓の対象として、彼らと会話を交わしたかったのだ。

官邸の職員氏によると、今はまだ小泉さんがお住みになっていらっしゃいますし……ということで、その一室を見ることは断られてしまった。そういえばすでに小泉氏は首相退陣を明らかにしていて、わたしの訪ねた九月のこの日に安倍晋三氏が自民党総裁に選ばれ、そして首相のポストに就任することが予定されていた。

わたしは、昭和十六年十二月八日のこの夕食会に岸信介が閣僚の一員として出席していないか、旧官邸の正面に立って赤松氏たちの日記を思い出してみた。加わっていないことは、さしあたりわたしには、「安倍さんはラッキーだったな」と思えたりもした。

実際に、三人の連名による『秘書官日記』と記された小ノートは五冊ほどあり、わたしはそのコピーを赤松氏から入手することができた。昭和五十二年ごろにはこれは未発表の史料であり、わたしは頁をめくりながら興奮して読みふけった覚えがある（この史料はのちに伊藤隆・広橋真光・片島紀男編『東条内閣総理大臣機密記録』のなかで全文が引用されている）。そこに記されている内容、それに赤松氏自身や広橋氏の証言などを改めて確かめながら二時間つづいたこの夕食会でどのような会話が交わされたのかを再現してみよう。海軍側から官邸に秘書として詰めていた鹿岡は、東條内閣が倒れたあとは重巡洋艦那智《なち》の艦長となり、昭和十九年十一月にマニラ湾で戦死している。したがって、わたしは三人の秘書官のうち二人に会って話を聞いたことになり、この秘書官メモの記述の裏側の事情も知ることができたのである。

東條の「戦果を祝して」の乾杯の声でこの夕食会は始まった。東條はとにかく喜色を浮かべて、陸海軍の指導者たちにしきりに「神佑天助《しんゆうてんじょ》だ」と口にしていたというのであった。中国料理が食卓に並んでいて、彼らのほとんどはこの日一日食事もとらずに戦果を注目していただけに、この料理はなおのこと空腹の胃を満足させたであろう。

この一室にはラジオがもちこまれていた。赤松氏の書いているところでは、「皇軍」が東南アジアで進撃をつづけているとアナウンサーはしきりに伝えていたという。それに東條自身が録音していた「大詔《たいしょう》を拝して」との放送も流れている。天皇の発した勅語を受けての奉答文（「誠恐誠懼《せいきょうせいく》謹テ奏ス帝国未曽有ノ難局ニ方リ優渥《ゆうあく》ナル勅語ヲ賜フ臣等感激ノ至ニ堪ヘス臣等協力一致死力ヲ盡《つく》シ聖旨《せいし》ニ応ヘ奉《あた》ランコトヲ期ス臣英機臣繁太郎誠恐誠懼陸海軍ヲ代表シ謹テ奉答ス」）をもとに、東條は「聖戦必勝」を国民に呼びかけたのであった。

自己陶酔と追従が飛び交う宴会場

たぶんここに出席している指導者たちも、この東條が二日前の深夜には対米英戦の開戦という現実を前にして、ただひとり寝室で号泣していたことなどは知らないであろう。東條の喜色はこの号泣から解放されてのものだったとみるべきであった。しかしそれは、官邸の主人その人の心理の変化であって、泣いたり、喜んだりするのもほどほどにして、現実を冷静に見つめ、そしてこの鉾《ほこ》をどのようにおさめるかを思案しなければならないのではないか、とわたしは思う。

出席者もまた東條にお追従《ついしょう》をくり返したという。東條さんが指導者であったからこれほどうまくいったのだといった類のお追従の言はまさに官邸主導の開戦、そして戦争指導の実態を示していたといっていいであろう。

東條は、さらに次のようにも言った。『秘書官日記』からの引用である。

「今回の戦果は物と訓練と精神力との総合した力が発揮されたのだ……」

東條の好きな「精神力」という語が、なんども吐かれたというのだ。統帥の直接の責任者である杉山や永野もうなずき、杉山は、「先日、石清水《いわしみず》八幡宮に参拝したときは、勝ち戦《いくさ》で終わって神風なぞふかなくてもすむようにお祈りしてきた」と応じている。

鹿岡は秘書官室に戻っては、電話で大本営海軍部の作戦参謀と連絡をとり、戦果を確かめていた。それをこの夕食会に戻ってきて、東條の耳もとで囁いていた。東條は「そのような戦果をこの場で全員に報告するように」と命じ、食卓の会話をひととき止めさせて、鹿岡に戦果の内容を報告させたりもした。この日、一日で大本営発表は十一回行われたが、そのうちのひとつ、午後八時四十五分の大本営海軍部発表の戦果が伝えられたのである。真珠湾での攻撃でアメリカ側にどれだけの損害を与えたかという内容であった。「戦艦二隻撃沈、戦艦四隻大破、大型巡洋艦約四隻大破」という内容で、このときの大本営発表はきわめて正確であった。

つけ加えておくが、大本営発表は太平洋戦争下の三年八カ月で八百四十六回行われている。そのうち一日に十一回というのはほとんど例がない。昭和十六年十二月だけで八十八回行われているが、戦況が悪化し国民に事実を伝えたくなくなると回数は極端に減っている。昭和二十年五月、六月と終戦間際になると、一カ月に二回から三回にまで減っているのだ。それも事実と異なった内容になっている。

一瞬だけ敵国の指導者を見下せた

この日の夕食会は、予想外の戦果を誰もが口にし、そして喜色を浮かべ、東條を賛える空気で満ちていたことがわかる。こうした空気の中で、わたしがもっとも気に懸かるのは、鹿岡にその戦果をなんどか報告させて、悦《えつ》にいっている東條が洩らした一言であった。東條は得意気に次のように言ったのだ。

「これでルーズベルトも失脚するにちがいない。アメリカの士気は落ちるいっぽうだろう」

するとなん人かが「そうです。そうです。これでルーズベルトは失脚するでしょう」と応じているのである。

この見方がいかに甘いか、その後の史実が充分に語っている。しかしもっと深く考えるなら、東條も軍事指導者もこの程度のアメリカ観で戦争を始めたのかと啞然とさせられてしまう一言でもある。昭和十年代、アメリカに駐在する武官（たとえば、山内正文、磯田三郎といった軍人たち）はアメリカの国力を冷静に分析した報告書をなんども本国に伝えてきている。アメリカと一戦を交えるような政策を採らないほうが賢明である、という結論が書かれていた。

しかし東條を始めとする軍中央の指導者は、こうした報告書を弱気で意気地のない報告と受けとり、東京に戻しても省部の要職からは外して戦地に送りだすか、地方の連隊長に据えるといった外し方をしていた。都合のわるい情報は聞きたくなかったのである。

東條は、真珠湾奇襲攻撃によってアメリカ国民は対日抗戦の意欲などもつこともなく、ルーズベルトも大統領の地位を追われるだろうと、本気で考えていたのだ。現実に史実がどのように推移したかをいまさら説明する必要はない。むしろ日本に対する抗戦意欲は燃えあがり、「リメンバー・パールハーバー」が合言葉になって国民の団結は深まったのである。

東條が、「ルーズベルトは失脚するだろう」とこの夕食会でなんどもつぶやいているのが、わたしには奇妙に思えるほどだった。夕食会は午後九時までの二時間ほどつづいている。その終わりのころにも、東條はやはりこの言をつぶやいている。わたしが、なぜなんどもくり返したのだろうかと尋ねたときに、赤松氏は「東條さんは敵国の最高指導者のことを思いやるほど余裕があったということです。出席者は皆そう受け止めたと思いますよ」と答えた。

この夕食会は、実は東條の不安を解消するための陶酔に満ちた慰労会だったということだろう。ルーズベルトの存在をこの程度にしか捉えることができなかったという意味では、東條は〈同時代史〉のある一瞬にだけルーズベルトを上回る指導者としての自負をもったのだが、〈歴史〉の上ではあまりにもみごとに屈伏させられたということになる。

昭和十六年十二月八日夜の首相官邸、そこにすでに大日本帝国崩壊の芽が宿っていたと考える以外になかった。

終戦の日——鈴木首相の心情

昭和二十年八月十五日の早朝、徹底抗戦を望む一派は首相官邸を襲撃した。私邸にいた鈴木首相は、肉親宅に避難したが、私邸も暴徒によって放火された。午後二時からの閣議で、鈴木は私邸が焼き討ちされたことをどの閣僚にも告げずに、「大日本帝国」最後の閣議に臨んだ。

昭和二十（一九四五）年八月十五日の首相官邸はどのような表情をしていたのか。そのことを書いておきたいと思うが、官邸の主人である鈴木貫太郎《かんたろう》首相はこの日どのように身を処していたか、その動きをさぐっていくことで敗戦の実態がわかってくる。

戦前、戦時下、官邸付近には総合計画局、法制局のほかに外務大臣、内閣書記官長、それに内閣書記官などの官舎があった。ところが昭和二十年五月二十五日にアメリカ軍のB29などによって、夜間爆撃を受け、ほとんどが倒壊状態になった。つまり官邸周辺の目立つ建物は焼け落ち、辛うじて官邸だけが焼けのこったのだ。

官邸職員も官舎を焼けだされたために、大半の職員は官邸の執務室にベッドをもちこんで、そこで寝泊まりをしながら日々の仕事をこなしていた。八月十四日から十五日にかけては、鈴木首相の政務は御前会議や閣議でポツダム宣言受諾を最終的に決め、それに合わせての終戦業務が中心となっていた。官邸や公邸は首相の政務をとる場、あるいは日々の生活空間というより、とにかく戦争を終結させるために法的な手続きや政治的な見解を発する空間となっていたのである。

昭和二十年に入ってからは、日本本土はアメリカ軍の攻撃機による爆撃で、焼け野原となっている。五月には東京の中心地も爆撃され、目立った建物は倒壊する状態になっていた。このころは東京都内のその有り様を写真にして報じることは禁止されている。したがって焼け野原がどんな光景だったのかは、戦後になって写されたフィルムから想像する以外にない。この首相官邸の一帯も焼け野原までには至らなかったにしても、官庁のビルによっては倒壊したところもあったはずだった。平成十八年の十一月に入って寒風がしだいに身に沁《し》みるようになったころ、わたしは官邸周辺に立ってみて、六十一年も前のこの地がどのような光景をえがいていたのだろうか、とその図を確かめてみようと思った。

もしわたしが昭和二十年八月十五日にこの官邸の前に立って周囲を見ていたらと想像すれば、わたしの目に入る光景は正午を境にくっきりと色分けされたことだろう。八月十五日の正午前にここに立っていたら、とくに朝方に立っていたら、わたしは政府がポツダム宣言を受諾し、戦争を止《や》めることになったことに怒る青年将校と彼らに率いられた学生たちがトラックでのりつけ、官邸に入りこんで狼藉を働く姿を見たであろう。陸軍の中堅将校たちが宮中に押し入って、昭和天皇が正午に放送する終戦を伝える録音盤を奪取しようとクーデターまがいの行動を起こしたが、それに呼応する集団が官邸を襲ったのである。いまのわたしが、当時の時代空間、そして官邸前に立っていたとすれば、そのような光景にただ唖然としながら戦争をおさめるときの混乱とはこんなものかと思ったにちがいない。

そして正午以後に、この地に立ってみたらすぐにふたつの光景が目につくと予想される。官邸に急ぎ足で入ってくる鈴木内閣の閣僚たち、彼らはガソリンを無駄遣いしてはならないと、徒歩で秘書とともに涙を流さんばかりにして官邸に入ってきたはずだ。午後二時からはじまる閣議、そこでこの戦争終結に伴う確認を行い、あわせて辞職願を書き、日本の復興は新しい内閣に委ねることになっていたからだ。もう一つは、敗戦を公式に認めた政府に怒りや共鳴、あるいはなにがしかの不満をもった人びとが官邸前につめかけてさわぎたてた光景である。

騒乱の場となった「帝国崩壊後の官邸」

昭和二十年当時の官邸職員は、いまはいない。したがって終戦の日の官邸の内部やその周辺を証言できる人もいなくなった。こうした職員たちに話を聞きたかったのにと、いまは残念に思うのみである。そこで毎日新聞の政治部記者たちが著した『検証・首相官邸』（昭和六十三年、朝日ソノラマ社刊）という書のなかで、元守衛長の田中友一氏が雑誌に書いたという一節が紹介されているので、ここに引用しておきたい。それほど興味のある内容なのである。

「（終戦の）直後から、官邸周辺は大混乱に陥った。共産党と称する人たちや、終戦に反対の人たちが、官邸の塀を乗り越えて、暴れこんで来たんです。当時はまだお巡りさんの数も少なかったもんですからね。塀を乗り越えて入ってくると、まずお巡りをぶっ飛ばす。それから工事中の手斧とか金槌を持って追いかけ回す。お巡りさんも仕方ないですからね、逃げるとこんどは官邸の建物を壊すで、手がつけられませんでした」

こんな状態が連日つづいたという。一カ月ぐらいは官邸も戦争に対する不満の憂《う》さばらしをする庶民が暴れ回ったということだろうか。

八月十五日の官邸は、明治憲法公布から五十六年つづいた大日本帝国が崩壊したがゆえに相応の混乱があったということだろう。官邸周辺でさわぎたてる庶民の姿を、鈴木首相は見たのだろうか。

官邸の主人はこの日どのように身を処したのか。それを確かめてみるべきだろう。わたしはこの七十七歳の老首相が、本土決戦を主張して終戦を受け入れようとしない軍部を巧みになだめながら、そして昭和天皇の意を受けながら、終戦に舵とりしていったことをさしあたり評価すべきだと考えている。

とくにこの首相は、二・二六事件当時、侍従長として青年将校の襲撃を受けたが奇跡的に助かっている。たか夫人（旧姓足立たか。昭和天皇幼少時の教育掛であった）の迫力ある説得に青年将校たちはたじろいだというのである。

八月十四日午後十一時すぎ、官邸で行われた閣議が終わった。ポツダム宣言受諾による終戦について内閣としてどのような発表を行うかという最終調整を行ったのだ。内閣書記官長の迫水久常（二・二六事件当時の岡田内閣の秘書官でもあった）は、鈴木の執務室に入ってここに至るまでの努力に敬意を表する旨の挨拶をしていた。迫水の著（『機関銃下の首相官邸　二・二六事件から終戦まで』）には、「この旬日のご苦労に対してご挨拶を申し上げ、そのまま対座した。自然に涙が出てきてしかたがない。総理も黙々として深く物思いにふけっておられる様子であった」とある。

徹底抗戦派の襲撃と阿南陸相の自害

そのときノックの音がして、阿南惟幾《あなみこれちか》*41陸相が入ってくる。本土決戦を一貫して主張していたこの陸相は、その心中は必ずしもそうではなかったようだが、強硬な幕僚たちをなだめるためにそうした役割を演じていた節があった。阿南は鈴木に丁重に礼をつくしたのち、次のように言ったというのだ。

「終戦の議がおこりまして以来、私はいろいろと申し上げましたが、総理にはたいへんご迷惑をおかけしたと思います。ここにつつしんでお詫び申し上げます。私の真意は、ただ一つ国体を護持せんとするにあったのでありまして、敢えて他意あるものではございません。この点どうぞご了解くださいますように」

迫水の筆によれば、阿南の頬に涙が伝わっていたという。迫水もまた泣いた。鈴木は泣いていない。鈴木は阿南のこの言にうなずいたという。そして阿南は陸相官邸に戻っていった。その阿南を見送りながら、鈴木は「阿南君は暇乞《いとまご》いに来たのだね」とつぶやいたというのだ。実際に、阿南は十五日の朝に、「一死以て大罪を謝す」の遺書をのこし、陸相官邸で割腹自殺をしている。

鈴木はこのあと小石川丸山の私邸に戻っている。八月九日以後、会議の連続で疲労も重なっていたからだ。

十五日の明け方、横浜の警備隊所属の陸軍大尉佐々木武雄が指揮する一個小隊と彼の母校である横浜工高などの学生三十人近くがトラックで官邸にのりつけ、官邸前に機関銃を据えつけるや官邸にむかって乱射している。そして官邸玄関から乱入してきた。着剣した警備隊員や学生たちが官邸の中を我が物顔で歩き回り、鈴木首相の姿をさがし求めた。鈴木を殺害して、戦争継続内閣を樹立しようというのであろう。しかし鈴木首相は官邸にはいない。私邸にいるとわかると彼らは官邸玄関に重油をまき、そして火を放った。再びトラックに乗り鈴木首相の私邸にむかっている。火は官邸職員たちが砂をかけるなどして消し止めた。

官邸と鈴木の私邸に直通電話が敷かれたのはこの二日前だった。鈴木は公邸には住まわずに私邸で起居していたが、危急の連絡が必要な時期でもあり、直通電話が必要だったのだ。その電話で、鈴木のもとに暴漢の襲来が告げられたという。鈴木は家族とともに肉親の家に避難している。

しかしその後、鈴木宅を襲ったこの一隊はその自宅に火を放って、全焼させた。

正午の玉音放送は官邸の大ホールに全職員が集まって聞いている。誰もが泣いていたという。官邸の主人である鈴木首相は肉親の自宅でこの放送を聞いていた。

午後二時から官邸では閣議が開かれた。正式に国策が決まったがゆえに官邸の警備は厳重になり、鈴木首相も出席している。鈴木は閣議でもこの日の朝に、暴徒に襲われ、私邸も焼き討ちにあったことを一切閣僚たちに伝えなかった。閣僚たちを不安に陥れるのを避けるためだったのだろう。

このときの閣議の模様は、国務大臣のひとりだった下村宏《ひろし》（海南《かいなん》）の『終戦秘史』に詳しい。閣議は中断をはさんで二回行われているが、そこで鈴木は、「いよいよ終戦と決まったが、何としても二度まで聖断をわずらわしたることは恐懼《きょうく》に耐えざる次第である。

それで辞表を捧呈《ほうてい》することといたしました」と退陣の意向を明らかにした。そして「さてまことに悲しむべきは阿南陸相の自決せられしことである」とつけ加えた。阿南が武人として「忠誠恪勤《かっきん》まれにみる人物」と賛えている。

浮かれた宴から三年八カ月後の「清算」

閣僚たちの辞表は、一様に次のような内容だったと、下村は書いている。

「曩《さき》に大命を奉じて補弼《ほひつ》の重任に当り報効を万一に期し以て今日に及べり。然《しか》るに今般鈴木総理大臣辞表を捧呈するに至りたるを以て此際併せて臣が重任を解き給はんことを願ひ奉る」

閣僚たちは、主権者である天皇に対して責任を負っている。その気持ちで今日まで職務に励んできた、鈴木首相の辞表にあわせて私たちもまたその任を解いていただきたいとの意味である。大日本帝国最後の閣僚たちの主権者に向けての辞職願いでもあった。

玉音放送のあと、街には「バドリオ政権（注・イタリアの敗戦後に誕生した連合国への協力内閣）を倒せ」とのアジビラが貼られ、鈴木や米内光政海相、東郷茂徳《しげのり》外相、迫水書記官長を倒せと名ざしした動きもあった。陸海軍の本土決戦派は飛行機でビラを撒き、官邸の上空を威嚇しながら飛んだりもした。

こうした情勢を改めてなぞってみると、昭和十六年十二月八日の東條首相によるあの夕食会（前稿で紹介）から三年八カ月を経ての官邸は、あまりにも悲劇的な状況のなかにあった。開戦時の指導者たちの浮わついた言動が鈴木内閣のもとで清算させられたともいえた。この三年八カ月とは一体何だったのだろう。官邸の玄関に火をつけられたその結末は一体何を意味するのか、わたしは改めて考えなければならない歴史的なテーマだと思うのだ。

鈴木首相は天皇のもとに赴き辞意を伝えている。どのようなやりとりがあったのだろう。わたしはかつて鈴木首相の子息一《はじめ》氏に話を聞いたことがあった。一氏はもともとは農商務省の官僚、鈴木が首相になってから秘書官をつとめている。

十五日の夜、鈴木は参内のあと官邸に別れを告げ肉親のもとですごしている。一氏に話を聞いたのは平成二（一九九〇）年六月に東京・丸の内にある国際ビルの「日本倶楽部」においてであった。一氏は次のように証言した。

「父は（辞表をだしたとき）、お上《かみ》がね、お上が、鈴木、ご苦労であったと言われたんだよ、と涙声で話すのです。父は本当に嬉しかったのでしょうね。なんども、避難先の家でお上が……と涙声でくり返していました。そのことは今でも私はよく覚えています」

八月十六日以後も鈴木は暴漢に狙われているというので、東久邇《ひがしくに》内閣の要請で親戚、友人の家を転々とする。鈴木は『終戦の表情』という冊子のなかで、「或る時はせまい他人の家に仮寝の夢を結び、一週間位で慌しく他へ移転する」生活をこの年十二月までつづけたと記している。官邸の主人をこのような境遇に追いやった当時の日本、そこからは「清算役に徹した首相の悲劇」という光景のみが浮かんでくる。

＊41阿南惟幾
明治二十〜昭和二十年。二・二六事件後、陸軍省兵務局長に抜擢される。昭和二十年に鈴木貫太郎内閣で陸軍大臣となり、終戦詔書に署名したのち、自殺した。陸軍大将。

〈戦後〉の原点——東久邇首相の発言を見直す

鈴木貫太郎内閣から終戦処理という課題を引き継いだのは、東久邇宮稔彦親王であった。憲政史上最初で最後の皇族を首班とする内閣は、混乱の極にあったこの時代、何を目指したのか。皇族宰相の理想と挫折を検証する。

平成十八年は戦後六十一年であった。戦後というのは昭和二十年八月十五日に日本がポツダム宣言を受諾して、敗戦を受けいれたあとをさすのだが、すでに還暦もすぎて今後もこの「戦後」という用語が用いられるか否《いな》かは不明だ。

わたしはそろそろ戦後を外して、たとえば「戦後民主主義」を「民主主義体制の確立」と捉えていくようにすべきかと思う。その立場でいうと、戦後のスタートとなった東久邇内閣はどのような考えで、どういう手法で、そして首相官邸と国民を結びつけるのにいかなる努力をしたのかを再度確認しておくべきだと思う。

東久邇宮稔彦《なるひこ》親王が首相の内示を受けたのは昭和二十年八月十五日の夜だが、十六日午前、東久邇は内大臣の木戸幸一を訪ねて断るつもりだったようだ。しかし木戸は、「陛下に御心配をかけるようなことがあってはますます社会が混乱してしまう」と説得している。それで東久邇はその座を引き受けることにし、近衛文麿を相談役として重用したいと伝えている。東久邇は久邇宮朝彦《あさひこ》親王の第九子だったが、長じて東久邇宮家を創設して、明治天皇の第九皇女聡子《としこ》内親王と結婚している。陸軍軍人の道を歩み、陸軍大学校を卒業したあとパリにも留学している。昭和十年代は第二軍司令官を体験、昭和十六年十二月からは防衛総司令官に就《つ》いた。この開戦前の首相として東條英機ではなく、東久邇が擬せられたこともあった。

しかし宮中には、皇族内閣ではのちのち責任問題が起こるとの声があり沙汰《さた》やみになった。その東久邇が終戦直後に首相に座ることに、天皇も含めて宮中には事態をのりきるには皇族しかいないとの判断があったからである。
首相を受けることになった東久邇は、すぐに天皇と会見している。天皇は、組閣を命ずると伝えたあとに、「特に憲法を尊重し、詔書を基とし、軍の統制、秩序の維持につとめ、時局収拾に努力せよ」との言葉を伝えたという。

東久邇は、組閣本部を首相官邸ではなく、赤坂離宮に置いている。石渡荘太郎《そうたろう》*42宮内大臣から勧められたためだ。たぶん首相官邸であれば軍事指導者や終戦を不満に思う将校などがのりこんできて恫喝するのを恐れたのであろう。大臣については、東久邇は政治家も官僚も知らなかったために、国務大臣に就任することになった近衛と緒方竹虎《たけとら》*43に任せたという。通信手段が切断されているので、大臣候補者たちを呼ぶのが大変だったと、のちに東久邇は洩らしている。

組閣のあらましができあがったあと、東久邇は首相官邸に初めて入った。十六日の夕方のようである。鈴木貫太郎前首相が官邸をはなれて一日しか経ていないのに、政治の舵とりは大きく変わっていたのだ。初めて首相官邸に入ったときの感想はその回想録『私の記録』(昭和二十二年四月刊)でもふれている。東久邇の目に映った首相官邸の内部はかなり雑然としていたようだ。次のように書いているのである。

「(首相官邸の)建物の半ばは空襲にやられ、本館だけが焼け残っていた。

窓々には、十文字にはられた爆風除けの紙が黒くすすけ、灯火管制用の遮光幕が、ちぎれたまゝでぶらさがっている部屋もあった。玄関脇の応接室、大ホールなどには、鈴木内閣の時から警備に来ていた兵隊たちが、つかれてゴロゴロ寝ていたりしていて、官邸はひどく汚れはてゝいた」

東久邇が官邸を覗いたときは、まだ警備にあたる兵士たちが疲れはてて眠っているような状態だったということだろう。首相官邸は大日本帝国が崩壊したときには、すでに政治を動かす指導者の空間、といった趣は失っていたといってもいいのではないか。

このような状態になるまで、戦争をつづけて国民を疲弊の極に追いやったのは誰なのか、東久邇の心中にもそのような自省が起こったと、わたしには思えてならないのだ。歴代の首相には、回想録や手記を著している者も多いが、ここまで官邸の荒れはてた姿を書きのこしている者はいない。

窓の日差しとともに始まった〈戦後〉

東久邇はさらに筆を走らせていく。官邸の中を丁寧に見て回ったのであろう。

「各部屋の机の上には、電話器は置いてあるが、どの電話もほとんどこわれて役にたたない。自動車はあるが、これも故障したり運転手がいなかったりしてなかなか思うようには動かなかった。

首相官邸は、機能の大半を失ったまゝで、私を迎えたのであった」

東久邇は、そこまで書き、そして一行をあけ、ポツンと、

「総理大臣室は、うす暗く、陰うつだった」

と書く。そのあとに一行をあけて、また文を綴っている。

昭和四年以後、歴代の首相が政務をとっていたその執務室は、「うす暗く、陰うつ」に戦後初めての首相を迎えたのである。

東久邇はすぐにその改善、補修を命じ、さらには官邸内の空気を改めることにしている。官邸を固めている警備体制は辞退することにしたのだという。そして正面玄関は国民の誰

でもが気軽に出入りできるようにしてほしいと命じている。官邸のなかに敗戦後しばらくは暴漢が入ってきて暴れたこともあると、前稿で守衛長の証言を引用したが、あえてそのような事態もやむをえないとの官邸の主人の考えだったのかもしれない。

空襲を避けるために窓ガラスにはられていた窓紙もはがされた。

「開けはなたれた窓から、青く晴れた空が眺められ、真夏の太陽の光が、急に室内を明るくした」

八月の夏、その夕刻の光が、室内を明るくしていくというのは、まさに戦争が終わったとの実感でもあり、これは当時の人びともまた同じ感慨ではなかったかと、わたしには思えてくる。

〈戦後〉のはじまりとは、東久邇のこの描写がもっとも的確にあらわしているように思う。

翌十七日午前に天皇の前に進みでて、改めて大命拝受ということになり、閣僚名簿を提出している。午後に親任式を終えて、官邸で初の閣議を開いている。官邸に戻って閣議を開く前であろうか、その正面の玄関で閣僚全員が並んで写した写真がある。歴代の内閣が恒例として行う写真撮影である。

この写真を見ると十三人の閣僚が並んでいるが、とにかく内閣発足を急ぐために松村謙《けん》三《ぞう》*44が厚相と文相を、東久邇は首相と陸相を、重光葵《まもる》*45が外相と大東亜相（この組織は八月二十六日に廃止）を兼任しており、あわただしい組閣だったことが窺えてくる。内閣が発足した後も人選を進め、八月十八日には前田多門《たもん》が文相に、二十三日には下村定《さだむ》が陸相に就任している。

十三人の閣僚は心なしか誰もがゆううつそうだ。官位栄達をきわめたという喜色は見えない。近衛文麿のモーニング姿が目立つ。東久邇自身、まだ軍服を身につけている。なかには国民服の者もいる。東久邇はこの閣僚の人選について、「無難で老練な保守的な人々」と語ったが、まさにそのとおりの布陣である。

想像するに、彼らは官邸のなかにはいってあまりの汚れに驚いたろうが、そのことについての嘆きや怒りの言は避けただろう。なぜならここまでの間、戦争の終結にあたって政治家として、官僚として、あるいは軍人としてその役を引き受けることはできなかったという自省があったはずだ。ただひとり海相の米内光政だけが鈴木内閣からの留任であった。米内にしても、この内閣での自らの役割は、海軍を「終戦・武装解除・聖慮に従う」に徹しきるとの思いがあったはずだ。

内閣に課せられた国内鎮撫の役割

この日の夜、東久邇は国民にむけて首相としての第一声をラジオを通して伝えた。東久邇としては、大命降下の折の天皇の言葉を国民に伝えたかったので、あえてマイクの前に立ったというのだ。放送原稿は自ら書いたという。この内容は、東久邇の書である『私の記録』にもおさめられている。戦後の出発の前提として、戦争が敗戦に終わったことは天皇に申しわけないとの謝罪から始まり、そしてとにかく戦争が終わったことは、「同時に国体の有難さが、これほどひしひしと胸にせまったことはなく、たゞたゞ感謝の涙があふれるのを禁じ得ないものがあります」とも述べている。

そういう旧体制の心情や感性に則った内容であり、そこに終戦のあとの責任は臣下の者が負うとの前提が示されていた。だからこそ「挙国一家、大詔《たいしょう》に御示し遊ばされた陛下の思召《おぼしめし》を奉戴し、一糸乱れざる足並をもつて、難局の打開に進む時、全世界は必ずや勝敗をこえて、わが国体の力の偉大さに驚嘆の眼をみはるでありませう」といった一節が重きをなしているのである。

これからアメリカを中心とする連合国の占領を受けることになるが、それにどのように対応するかを国民に訴えたとみることもできる。さらに官邸にも、東京やその周辺の部隊の将校が中心になり、ポツダム宣言受諾反対の意思を貫くために、兵士を動かして宮中を占領するとの計画が伝わってきた。東久邇のラジオ放送はその動きを牽制する狙いもあった。

アメリカ軍からの連絡で、マニラに向けて出発した日本の全権団からは、占領軍と本土進駐についての打ち合わせを行い、その日程も決定したと伝えられてきた。国内を鎮《しず》める役割がこの内閣には課せられていたのである。実際に日本側は進駐を遅らせようと企図したが、八月二十六日に先遣隊の到着、降伏文書調印は三十一日と一方的に伝えられてきた。この日程は、台風の影響で二、三日ずつ遅れることになった。

東久邇が見せた言論の自由への意志

しかしこうした政治的日程とは別に、さらに東久邇自身の旧体制的な意識は別にして、東久邇が果たした役割には大きいものがあった。それは東久邇自身の次のような哲学をもとにした行為であった。

「言いたいことが言えないでいると、世の中はだんだん不愉快になり、不明朗になる。言うべきことが言われなくなって、真実が姿を消してしまう。そして、たゞ迎合的な言語ばかりになって、すべてが御無理御尤もということになる。戦時中のわが国の状態はまさにかようなものであった」

つまり東久邇は、「言論の自由」を保障しなければ社会は活性化しないとの自説をさっそくに実行に移している。軍閥が言論の自由の抑圧者だったとの認識で、東久邇は官邸に憲兵司令官を呼んで、「憲兵が軍事以外のことには手をだしてはいけない。政治に嘴《くちばし》を挟むことは許さない」と命じた。それだけでは、不十分と思ったのか、まず自分自身が大胆率直に真実を語ることにした。自らがその道を開き、徐々に言論弾圧法や取締り法規を撤廃していかなければならないとも考えた。東久邇はその機会を狙ってもいたらしい。

アメリカ軍の先遣隊が日本に派遣されてくるのは八月二十八日と決まったが、その当日に東久邇は内閣記者団の記者たちと会見している。このときに自らの思いを率直に話すことにした。そのときの記者団とのやりとりを前述の書に残しているのだが、確かに首相としては大胆な発言をしている。鈴木内閣のときには、文官たちは軍部を恐れて口ごもることが多かったのだが、このときは記者たちの予想をはるかに超える内容だったのである。記者たちの、「言論・結社の自由は、政府として組閣早々に明白にしているが、この点について補足されたい」との質問を受けての東久邇の答えは〈戦後〉の出発点にふさわしい内容だと、わたしには思える。

「今まで、わが国民は緘口令の猿ぐつわをはめられて、権力と威力とによる厳罰主義を受けていたのである。このためにわが国民は、涙を呑んで言いたいことも言えず、結局陰口をきいていたのが、日本の今までの現状であると思う。政党にしても、最近の政治をやりよくするために、これを御用政党にしてしまって、何も意見をいわせなかったのである。また言論機関においても、最も重要なる新聞社を抑圧して言論の自由を奪ってしまったのである。選挙すら、私の考えでは、翼賛選挙とか推薦とかの美名をかりて、官憲が言論を抑圧し、選挙干渉をやったことの弊害は実に大きなものと思う」

東久邇の言はさらにつづく。今、改めて東久邇首相が官邸で示した「功」の部分を見直す必要があるとの観点で、その言を確かめていく。

＊42石渡荘太郎
明治二十四〜昭和二十五年。官僚・政治家。大蔵省で税務畑を歩んだのち、内閣調査局（のちの企画院）調査官に転じる。賀屋興宣・青木一男と並び大蔵省三羽烏と呼ばれた。大蔵大臣を歴任し、終戦時には宮内大臣を務めた。

＊43緒方竹虎
明治二十一〜昭和三十一年。東京朝日新聞を経て昭和十九年に小磯国昭内閣の国務大臣兼情報局総裁に就任。戦後は言論統制の責任者として公職追放。復帰後、二十七年に衆議院議員初当選。吉田内閣の閣僚を経て三十（一九五五）年、保守合同によって自由民主党の総裁代行委員となった。

＊44松村謙三
明治十六〜昭和四十六年。戦前・戦後期の政治家。報知新聞記者を経て昭和三年に衆議院議員初当選。戦後は厚生大臣、文部大臣などを歴任。三十三年からは自民党顧問として日中国交回復に尽力した。

＊45重光葵
明治二十〜昭和三十二年。外交官・政治家。昭和十八年に東條内閣の外務大臣を務め、小磯内

閣でも外務・大東亜大臣を務めた。終戦時、ミズーリ号で行われた降伏文書調印で日本政府代表として署名。A級戦犯として禁固七年の刑を受けるが二十五年に仮出獄。改進党総裁に迎えられ、保守合同後は自民党に参加。第一・二次鳩山内閣では外務大臣として日ソ国交回復・国連加盟に尽力した。

「直接、国民の声を」――東久邇内閣の五十日

「私は国民諸君から直接手紙をいただきたい」東久邇首相は民意を直接政治に活かそうと、国民に呼びかけ、寄せられた手紙は多いときには一日二千通にも達したという。しかし連合国軍の占領政策は、東久邇の想像を超え、大日本帝国の完全な解体を目指すものであった。

昭和二十年八月二十八日の首相官邸での東久邇首相の発言を前稿につづけて紹介していく。

「言論の自由」が保障されていなかったために、日本の社会は歪んでいったと具体的に昭和十七年四月の翼賛選挙を批判するのである。そして言論の自由を保障するためにどのようなことが必要か、を説いていく。

「もちろん、今までの政府も、言論の活性化ということは、いっておるところであるが、政府自身少しも活発な言論をしなかったのである。私は、私自身まず言論を活発にしようと思っている。考えていることは率直にいうつもりである。次に、国民をして言論を自由にさせるためには、今の特高警察を徹底的に自粛是正させなければならない。また今まで

政治に嘴を入れていた憲兵の方は、政治警察を全廃して、軍事警察に専念させるようにしたが、特高警察の方も内務大臣に命じて行き過ぎを徹底的に改めさせるつもりである」

こうした言は軍国主義日本の体質を早急に改めなければならないとの意図を含んでいたが、東久邇は国民を抑圧して政府に協力が得られなくなる事態をなによりも案じていたのであった。

さらに東久邇は、「日本民族はいままで戦争に全力をつくしていた。この際、心機一転して、わが民族の全智全能を、人類文化の発達に傾注し、世界全人類の進歩発達に努力貢献するならば、嵐のあとの明け方において、静かなる宇宙に、ほのぼのと光明を見出す如くわが国の将来における光明と希望はかゞやくものと確信する」とも述べている。まるで作家のような、あるいは詩人のような表現で新しい日本の出発を表現したのである。その志や目ざす方向はきわめて新しい時代にふさわしかった。そして、結論としてさりげなく、明治天皇の五箇条の御誓文にふれ、この精神にもとづいて国難に対処することを訴えた。

当時の新聞は、東久邇首相の一連の発言に驚いたらしい。しかもこの日（二十八日）はアメリカ軍の先遣部隊百五十人が厚木に到着し、横浜にGHQ（連合国軍総司令部）の本部を置いた。本格的な日本占領の始まりを意味していた。こういう状況下にあって、東久邇の発言は、国民にも新しい事態へ対応していく心構えを伝えることになったのである。

東久邇はこの心構えをさらに徹底させるため、内閣書記官長の緒方竹虎にある相談をもちかけている。東久邇の『私の記録』によると、「私は国民から直接、作りごとでない、かざらない真実の声が聴きたかった。それで手紙をもらおうと思った」とある。この内閣で国民の率直な気持ちを確かめてみよう、それには首相官邸宛てに手紙がほしいと新聞を通じて呼びかけてみたらどうだろうか、と話し合ったというのである。

東久邇のこうした政策は誰かの助言があったのか、あるいは首相自身の思いつきであったのか、いやそれとも昭和天皇と密かに相談してのことだったのかもしれない。しかし、とにかくこの国民の声に耳を傾けるという手法は戦争が終わったあとだけに、国民には歴代の首相とは異なるとの感慨を与えたのだ。

昭和二十年八月三十一日の新聞には、たとえば『毎日新聞』の一面トップには「直接、国民の声を」という東久邇首相の呼びかけが掲載されている。そこで東久邇は次のような談話を発表したのであった（この談話は『私の記録』からの引用）。

「国民諸君、私は皆さんから直接手紙をいただきたい。うれしいこと、悲しいこと、不平不満、何でもよろしい。私事でもよし、公の問題でもよろしい。率直に真実を書いてほしいと思う。一々返事は出しませんが、即座に解決できるものは、出来るだけ早く解決し、参考になると思うものは、十分に研究する。一般国民の皆様からも、直接意見をきいて政治をやってゆく上の参考としたいと思っている」

戦争が終わってまだ二週間ほど経ただけである。「聖戦完遂《かんすい》」「本土決戦」と叫んでいたスローガンはまったく色あせて、今や首相が「お手紙ください」と呼びかける時代になったのだ。この呼びかけに続いては、マッカーサー司令官が厚木基地に到着したとの記事が五段で報じられている。

東久邇は陸軍の軍人ではあったが尉官時代に、パリですごした体験があり、そこで西洋合理主義にふれて内心ではこうした市民意識をもつようになったのではないか、とも思えるほどだ。

あらためて思う〝官邸に住む者の資格〟

この呼びかけの二、三日あと、つまり九月に入ってまもなく、首相官邸には国民からの投書が相次いだ。多いときは一日に二千通にも達したと東久邇は言い、その手紙を読むのが日々の楽しみになったという。東久邇は官邸のなかの公邸には住まなかったが、毎朝出勤すると秘書官から前日には手紙がどれだけ届いているかを確かめ、午前中の一定の時間は手紙に目を通し、読み足りないときは家にもち帰って読んだのだという。

東久邇は首相として国民の現実の日々の苦しみや辛さを初めて知ったのだろう、それゆえに手紙を読むことが、これからの平時にあって、首相としての姿勢を確立することになるとの自覚をもったのである。それにしても東久邇のこの姿勢は、国民にとって戦後をどのように考えるかの一因になったように思う。

わたしが現在の首相官邸の一角に立って官邸内の空気を確かめたのは平成十八年九月の終わりのことだったが、そのときもともとの官邸のあった地は立体的なデザインの新官邸のステンドグラスが、人工池に映る構図の空間にかわっていた。人工池は緊急時には閉じられて、ヘリコプターの離着陸に利用されることになっているという。その光景を見ながら、東久邇首相がこの空間にあって、執務室のなかで国民からの手紙を読んでいる姿を思い浮かべていた。

昭和四年に官邸が完成して以来十六年後のこのときに初めて、この空間に身を置く主人が国民の手紙を集中的に読んだのではなかったろうか。わたしは初めてここに住む主人の資格ということに思いがいった。東久邇が敗戦直後にこの空間を支配したことは、新生日本にはふさわしいと実感したのだが、こういう首相はたとえ軍人であっても戦前、戦時下には決して官邸の主人にはなれなかったのだ。

東久邇首相のこういうアイデアや時代とむきあった姿勢には誰かよきアドバイザーがいたのだろうか。一説では、東久邇の秘書官に緒方竹虎の推薦で朝日新聞記者の太田照彦が就き、アイデアをさずけたとされている。国民からの手紙が殺到している九月五日にはこの太田のほかに大佛《おさらぎ》次郎、賀川豊彦《とよひこ》*46、児玉誉士夫《よしお》*47、田村真作などが内閣参与事務嘱託に任命されている（林茂、辻清明編『日本内閣史録（5）』の中の天川晃「第四三代東久邇内閣」より)。

東久邇と親しかった石原莞爾《かんじ》の東亜連盟系の運動に関わっていた児玉や田村はその縁でこの人脈に加わった。大佛や賀川は文化・宗教面での人心の安定を意図して緒方や太田によって推されてきた人脈でもあった。こういう人脈によって、東久邇内閣のイメージはつくられていった。しかしそのイメージは一定の範囲に限られていて、それがこの内閣の限界と受け止められた。まもなくGHQの最高司令官マッカーサーや民政局のニューディーラーたちの不信を買うことになった。

東久邇首相の政治姿勢とその「限界」

東久邇の述懐によれば、国民からの手紙にはすぐに対応したといい、その例として香川県の某氏から「言論の自由を許されたというが、田舎にはそれが徹底していない。われわれの会合は依然特高警察から弾圧禁止されている」という内容が届いた。すると東久邇は秘書官をつうじて内務省に連絡して、

「まだこんなことをやっているのか。すぐに改めよ」

と命じている。一度の注意では直らずに二度くり返したともいう。こうした話を紹介したあと、東久邇は次のように書いている。

「言論の自由の途をつけることも、なかなか骨の折れることだった。問題別に見ると、食糧改善に対する訴えが最も多く、これについで官僚打倒、官僚機構の徹底的改正、財界上層部の総退陣、統制経済の撤廃、地方木材統制会社の廃止、代議士の総辞職などの要請が多かった」

食糧難で飢餓状態が懸念されていたときである。その改善を訴える内容が多かったということだろうが、次いでは戦争責任を問う内容や戦時システムを早く撤廃してほしいという要望であったのだろう。あるいは共産党の同調者からの手紙なども多かったのかもしれない。東久邇が首相として生真面目に対応したことは認めなければならないであろう。

しかし、たとえ内閣で「表現の自由」を謳い、言論・出版・結社の取締りを緩和するよう呼びかけても、戦時法の言論出版集会結社等臨時取締法や治安維持法などの法規はそのままにして、その手続規制をゆるめるという範囲にとどまっていた。東久邇首相のこうした姿勢は、つまるところ一点に収斂《しゅうれん》することができる。

その一点とは、大日本帝国憲法の運用を変え、明治天皇の発した五箇条の御誓文をもって国策の遂行にあたれば、ポツダム宣言の履行《りこう》にはなんらの支障もないとの考えだった。このころの情勢について森正蔵《しょうぞう》（毎日新聞記者）が著した『戦後風雲録』（昭和二十六年のベストセラー）は、東久邇内閣のこの判断について、「占領軍が、憲法はおろか万般の諸法制を根底からひっくり返し、解体して組み立てなおすのだという意気込みで上陸してくるとは考えていなかったふうである」と書いている。

国民からの手紙を読んでいるころ、つまり九月に入ってからということだが、アメリカ人記者を含め各国の記者たちが、東久邇の表現を用いるなら「続々、首相官邸に押しかけてきた」という。しかし、連合国側からは「会ってよい」との許可がなかったので会わなかったという。するとAPのブライン記者のように国民の手紙を読むならばと、質問を手紙に記して送ってくる者もいた。会見ができないなら、手紙で答えてほしいというのであった。それで返事を書いたことがあった。

それがきっかけになっての会見申し込みが殺到したために、首相官邸の大ホールで外国人記者団との共同会見を開くことになった。九月十八日午後一時半からの二時間である。連合国側の記者六十人ほどに日本側の記者たちが傍聴に加わり、百人ほどになったという。どのような質問があったかは書いていないが、東久邇は戦争犯罪に関する徹底的な改革を求める内容だったと述懐し、彼らの発する「何々ですか」という問いをすべて「何々すべし」という形式に直してみると、「おのずから彼等の要求するものが明瞭になる。曰《いわ》く、国家主義団体を解体せよ、財閥を解体せよ、婦人に参政権を与へよ、憲法は修正せらるべし——等々」となることに気づいた。

東久邇内閣へのマッカーサーの不信

東久邇首相が退陣することになったのは十月五日だった。わずか五十日間の内閣であった。この理由は、マッカーサーの不信を買ったため、といわれるにとどまっている。退陣までの経緯《いきさつ》をつぶさに追いかけてみると、十月四日にGHQは「政治的・民事的・宗教的自由に対する制限の撤廃に関する覚書」をこの内閣に命じている。思想、信仰、言論、集会、出版の自由に対し制限を加えてはならないとし、これまで拘禁《こうきん》されている思想犯を釈放し、弾圧機関の責任者の罷免《ひめん》やその組織の解体を行えとも伝えてきた。これに対して、内務大臣のみの罷免は、首相として申しわけないと、東久邇は判断したといい、それは「私の政治道徳の許さぬところ」と総辞職を決意したというのだ。

歴史的にみれば、東久邇の改革路線はマッカーサーの考えている「大日本帝国解体」まで進むことはできなかったということになるのだろう。東久邇は官邸を去るにあたって、新聞記者に「今後はイギリス、アメリカをよく知っている人が内閣を組織して、連合国と密接な関係のもとに政治を行うべきであろう」と語っている。内閣の選出、政権の基盤そのものが大きくかわったということであり、これからは官邸に入るべき主人もこれまでと同じであってはいけないとの率直な心境だった。

東久邇の『私の記録』によれば官邸にはさまざまな人——それこそふつうの庶民も普段着のまま訪ねてきて意見を述べていったという。官邸での五十日を通しての東久邇の結論は、「政治はやはり徹底した政党政治でなくては、何も行えないという結論に到達した」というものであった。

＊46賀川豊彦
明治二十一～昭和三十五年。キリスト教社会運動家。労働争議の解決に取り組み、農民運動・協同組合運動にも尽力した。

＊47児玉誉士夫
明治四十四～昭和五十九年。政財界の黒幕と呼ばれた右翼活動家。後年ロッキード事件の被告となった。

吉田と鳩山の総理の椅子を懸けた闘い

戦後初の総選挙に勝利した鳩山一郎は首相の椅子を目前にして公職追放に遭い、後事を吉田茂に託す。講和条約調印を成し遂げ〝ワンマン宰相〟と呼ばれ権勢を誇る吉田、脳溢血に倒れるも〝悲劇の人〟として国民から絶大な人気を博した鳩山。両者の凄まじき政争を再考する。

昭和二十年代の保守政治を語る書は、大体が〈吉田茂と鳩山一郎の政争〉という視点で書き進めている。この二人の間にある複雑な感情がそのまま政界にも反映していたとの見方である。

むろん昭和二十年代の官邸の主人は吉田茂であった。昭和二十三（一九四八）年の終わりまでは、東久邇稔彦首相から始まり幣原《しではら》喜重郎《きじゅうろう》、吉田茂、片山哲、芦田均と代わり、昭和二十三年十月から二十九年十二月までは、吉田が四回にわたって改造を行いながらも「吉田時代」をつくりあげた。その間、鳩山は吉田の巧妙な政治テクニックに振り回されたと、多くの書は共通して特筆している。

ふたりの政争の始まりは、昭和二十一年四月である。この四月十日に戦後初めての総選挙が行われた。混乱期のことといっていいのだが、この総選挙には一人一党が大半だったとはいえ三百六十三もの政党の候補者が名のりをあげた。女性に参政権が与えられ、選挙運動も自由だったからまさに言論が百家争鳴の時を迎えたといってもよかった。鳩山一郎の自由党が第一党になると予想されたが、結果はたしかにそうであった。百四十一議席を獲得したのだ。つづいて町田忠治《ちゅうじ》の進歩党九十四、鈴木茂《も》三郎《さぶろう》*48らの社会党が九十三である。

今後の政局は鳩山を中心に動くだろうといわれたそのとき、GHQは鳩山が文部大臣時代（昭和八年）に反動的な政策を進めたとして、鳩山を公職追放にするだろうとの噂が広まってきた。自由党は党首が追放になるかもしれないと混乱状態に陥った。そこで次期首班は吉田にということになり、初めて自由党総裁の座をめぐりふたりは話し合った。当初、吉田はたとえ党首を引き受けたとしても、自由党は比較多数のため組閣をためらっている。

しかし吉田は、GHQ内部にもっている情報ルートから、鳩山追放は確実との情報をつかみ、加えて鳩山内閣反対の気持ちもあり、承諾の方向に傾いた。そして昭和二十一年五月三日に鳩山に会って自由党総裁を引き受ける旨を伝えている。吉田と鳩山の政争は実はこのときの会見に端を発していたのだ。

吉田は自由党総裁を引き受けるにあたっての条件は、「金はないし、金作りもしないこと、閣僚の選定には君は口出しをしないこと、それから嫌になったら何時《いつ》でも投げ出すことの三点であった。鳩山君はそれで結構という。そこでとうとう引受けることとなった」（吉田茂著『回想十年』）と書いている。ところが鳩山の回顧録（『鳩山一郎回顧録』）には、吉田のいうこの三条件のほかに「君のパージ（注・公職追放）が解けたら、すぐ君にやってもらう、とこういって、吉田君はこれを四カ条に書いて私のところに持ってきた」と書いている。

政争の発端は、追放が解除になったら吉田は鳩山に総裁の座をわたす、という一項があったか否かだった。この論争がふたりの支援者を巻きこんでの激しい闘いになって、昭和二十年代の保守政治の権力闘争がえがかれたのであった。

吉田が鳩山に二度浴びせた冷水

さて、その政争が小休止をむかえたころの昭和二十八年十一月のことである。

鳩山は公職追放となったが、二十六年八月六日に解除が発表された。この解除も実は吉田内閣のＧＨＱへの根回しで意図的に遅らされたと鳩山もその支援者の議員たちも考えていたほどだった。それから二年三カ月ほどあとになるわけだが、吉田と鳩山が首相官邸でそれぞれの政治勢力を代表して会見している。

ここでまた政争のある側面が語られるエピソードがのこされることになった。

吉田は鳩山を総理大臣の執務室に案内したというのである。そして、そのころ脳溢血のあとで車椅子にのっている鳩山を総理大臣の椅子に座らせた。ふたりの間にどのような会話があったのか、それははっきりしてはいない。しかし政治記者の間には、この話はまたたくまに広がった。

「吉田は鳩山をなめている」という声もあれば、「いや鳩山は本来は自分がここに座るはずだった」と厭味《いやみ》を言ったのではと推理する政治記者もいた。当時、共同通信政治部記者だった田々宮英太郎は、このときのふたりの関係を、のちに著した書（『吉田鳩山の時代』）のなかで次のように書いている。

「総理でもないものがその椅子にすわるということは、沐猴《もっこう》にして冠するたぐいであろう。だが、ギリシアの伝説には、プロクルステスの寝台というのがある。寝台から体がはみ出したら削りとり、それより小さかった場合は、その大きさまでひき伸ばしたという。寝台を総理の椅子になぞらえれば、あるいは鳩山などはさしずめ削りとられるくちかも知れない。それはともかく、鳩山やその周辺が、総理の夢をえがいているのはかくれもない事実である」

田々宮は、このときの取材メモをそのまま書きのこしたというが、当時の政治記者からみれば、鳩山は二度にわたって吉田から冷水を浴びせられたと見ていたようだった。その二度とは、第一回が吉田との間で三条件か四条件かでの亀裂ということになるが、記者たちは大体が鳩山のいう四条件を信じていたようだ。そして第二回が、鳩山の追放解除がいたずらに延ばされたのは吉田の妨害（ＧＨＱにさりげなく鳩山を危険人物の如くに伝えた）と受け止められていたというのである。鳩山はそれを知って脳溢血で倒れたと悲劇的に語られていた。

だから田々宮は次のようにも書いているのである。

「パージ解除後の二度の総選挙でも（鳩山が）全国最高点をかち得たのはこうした『悲劇の人』への同情が高まったためである。一度は総理大臣にしたいというのが、鳩山をとりまく人気の実体でもあった。だが現実は、こうした人気にこたえるには、あまりにも冷やかだった。押せども引けども、吉田は政権をゆずらない」

このころ鳩山は、同志三十四人と共に鳩山自由党として吉田の自由党とは一線を劃《かく》して政治活動をつづけていた。吉田の自由党は少数与党でしかなく、より政策を果断に実行するために多数派工作を行っていたが、鳩山自由党もそれに応じることになった。鳩山自由党には、三木武吉《ぶきち》、河野一郎、石橋湛山《たんざん》などの反吉田を鮮明にしている有力議員がいた。とくに三木は吉田とは席を共にしたくないというほど吉田を嫌っている政党政治家だった。しかし吉田は鳩山個人に執拗に説得をつづけた。それに鳩山自由党のなかに親吉田グループも顕在化してきて、少しずつその牙城は崩れていった。

最終的に鳩山をはじめ多くの議員が吉田の自由党に合流することになった。それでも八

吉田・鳩山会談。吉田茂首相（左）が自民党への復党を懇請

人の代議士（そのなかには三木や河野、それに松田竹千代《たけちよ》[*49]、山村新治郎《しんじろう》[*50]などがいる）は合流に応じず日本自由党を結成していった。

この復帰が決まったあとに、吉田は鳩山を官邸の執務室に連れていき、その席に座らせたのである。これはわたしの推測になるが、官邸の執務室にはとくべつの空気が流れているのだろう。その空気は、最高権力者のみが味わえる恍惚《こうこつ》感というものではないか。その恍惚感を求めて、権力闘争がくり返されるのだ。しかし鳩山はその権力闘争に勝たずに、現役の首相に誘われてその椅子に座ってみたことになる。

鳩山を動かした吉田の痛烈な一言

やはり鳩山は吉田に体《てい》よく利用されていたとみていい。これもわたしの推測になるのだが、吉田は笑顔を浮かべながら、

「次はあなたがこの席に座らなければいけないと思いますよ」

という程度のお追従は口にしたと思える。鳩山と吉田を比べれば、政治技術のうえでは吉田のほうがはるかに上位にあると評されていたが、そのことは充分に納得できる。


このころもう一方で、吉田は、鳩山は身体の具合がよくないので首相はつとまらないと側近には言い、後任に鳩山が擬せられることにさえ不満を洩らしていた。だから実際には、鳩山を総理大臣の椅子に座らせたのは、吉田なりのサービスだったということになる。


もういちど田々宮の記述を引用しておきたい。こうした見方をする記事が共同通信からは全国の新聞に流されていったと思えるからである。

「吉田はその掌中に、降伏した鳩山をしっかりと握ってしまった。その心の奥底をうかがいながら、憐愍の情をほどこしているのが、この一幕だったのであろう。それは悲劇を通りこし、もはや、喜劇というほかにはない。まして鳩山が、間もなく吉田のあとがまとして総理の椅子につけるなどと考えているなら、それは笑うべきピエロにすぎないだろう」

田々宮もまた反吉田の記者だったことがわかるのだが、吉田は鳩山を見下しているが、実際には自らの次のポストが鳩山に向かうなどと思っていなかった以上、吉田もピエロのようなものだったといっているわけである。

鳩山のグループは自由党に戻った後も、誰もが陽の当たらぬ場所にとどめ置かれた。なんとか過半数を維持するための要員のようなものであった。自由党はいずれにしてもその中枢は吉田側近の人脈で固められていて、鳩山らの復帰組はその近くにも近づくことはできなかったのだ。吉田政治はますます側近政治となり、党内反対派を黙らせるための強圧的な政治手法のくり返しがつづいたのであった。

昭和二十九年九月二十六日から吉田は、親善の旅と称して十一月十七日までヨーロッパ、北アメリカなど七カ国の訪問にでかけている。その外遊先で、吉田は記者団との会見で「しばらくは自分はやめない」「鳩山一郎は病人だから政権はゆずらない」「後継者がいないなら解散も辞さない」との三点を高言している。吉田の本心はここにある、と国内では大問題になった。鳩山は初めから問題にされていなかったのだと党内でも公然と口にされるようになった。

鳩山が自由党に戻っても、吉田はしばしば直接会っては慰めたり、励ましたりもしていた。実際にこの外遊を計画したあと、音羽にある鳩山邸を訪ねて挨拶したという。このころ自由党内の鳩山系や反吉田グループ、それに日本自由党や岸信介らのグループ、改進党の松村謙三《けんぞう》、大麻唯男《おおあさただお》ら*51が集まって新党準備会をつくり、吉田追い落としを図っていた。政治姿勢の硬直さとアメリカ一辺倒の政策などに加えて長期政権への不満が渦巻いていた。外遊前に鳩山邸を訪ねたのは、とにかく鳩山をおとなしくさせておこうとの意図だったとされている。

このときに吉田は、また微妙な表現で鳩山をからかったとされる。

「君にもおもちゃを渡したら元気になるかもしれないな」

おもちゃというのは、名誉総裁の意味だったとされている。確かに失礼な言である。鳩山は憤然《ふんぜん》として、「身体は自分で治すから」と反論したというのだ。鳩山にすれば、もういいかげんにしろということだったのかもしれない。鳩山が新党準備会を足場にして動きだしたのもこのときの不快さが因だったと政治記者の書には書かれている。

吉田が首相の椅子を明け渡す時

新党準備会は鳩山と改進党の重光葵の二枚看板で急激に同調者をふやしていった。吉田が不在の間にしだいにふくれあがった。十一月十七日に日本に戻った吉田は、新党運動がふくれあがっているのに驚いて、解散をにおわせたり、「悪い政治家を助けるようなことはしない」と暗に新党準備委員長に座った鳩山を批判したりもした。こうして十一月二十四日に新党準備会は日本民主党となり、その結党式が東京日比谷公会堂で行われた。鳩山が総裁に、重光が副総裁、幹事長に岸信介、そして最高委員には大麻、石橋、芦田の三人が就いた。吉田がこの年に行った佐藤栄作幹事長を守るための指揮権発動による政治不信が国民の間にあり、この日本民主党はブームになる芽をもっていたのである。

鳩山は、初の演説会で吉田政治は指揮権発動の暴挙と暴言が批判されているのだから速やかに野に下って信を問えといったあとに、今や「吉田内閣は、政権の簒奪者《さんだつしゃ》であり横領者である」ときびしい口調で叫んだ。

それから二週間後に吉田内閣は内閣不信任案可決によって倒れている。官邸で職務はとったが、日ごろの生活は目黒にある迎賓館を公邸がわりに使っていた。不信任案可決の日、首相官邸には総辞職、解散反対の与党の議員四十人余が集まり、目黒の吉田に圧力をかけていた。官邸はすでに吉田の執務する空間ではなくなっていたのである。

＊48鈴木茂三郎
明治二十六～昭和四十五年。社会運動家・政治家。報知新聞、東京日日新聞などの記者を経て社会主義運動に入る。無産大衆党・日本無産党書記長などを歴任。昭和十二年に人民戦線事件で検挙され控訴中に終戦を迎えた。戦後、日本社会党結成に参加。左派社会党委員長となり、統一後も社会党委員長を続けた。

＊49松田竹千代
明治二十一～昭和五十五年。政治家。昭和三年に衆議院議員初当選。大政翼賛会に参加したため、公職追放となる。復帰後、三木武吉とともに自由党に参加した。

＊50山村新治郎
明治四十一～昭和三十九年。十代目山村新治郎を襲名し、衆議院議員として活躍。第二・三次池田内閣で行政管理庁長官を務める。息子の十一代目山村新治郎も衆議院議員を務めた。

＊51大麻唯男
明治二十二～昭和三十二年。政治家。大正十三年、衆議院議員初当選。立憲民政党の筆頭総務を務めたが大政翼賛会の発足にあわせて民政党を解散する。昭和十八年に東條内閣に初入閣し、「東條の茶坊主」と呼ばれた。戦後は公職追放を経て二十七年に改進党を結成。

自衛隊出動寸前――岸首相と六〇年安保

一九六〇年六月、安保改定を巡り、「安保反対、岸を倒せ」と叫ぶデモ隊が連日国会と首相官邸に押し寄せ、警官隊と衝突した。十九日の自然成立を前に更に激烈さを増すデモを目にし、岸信介首相は自衛隊の治安出動を模索し、赤城宗徳防衛庁長官を私邸に呼んだ。

「六〇年安保」という語を耳にすると、記憶が勝手にふくれあがっていく。青春期のさまざまな思いが次々と浮かんでくる。そういう世代が存在するように思う。わたし自身がそうだからだ。

すでに六十代も半ばを越えている世代といっていいだろう。

記憶のフィルムをいきなり四十六年も前に戻してしまうことになるが昭和三十五年、つまり一九六〇年の六月、連日国会周辺に押し寄せていたデモの渦《うず》は一体何だったのだろう。首相官邸を取り囲むデモ隊が、「安保反対、岸（内閣）を倒せ」と終日叫んでいたこともあった。この稿を起こすにあたって、六月十五日から十九日までの『毎日新聞』の縮刷版を読んでいくと、国会を幾重にも囲んでのデモがくり返され、ときにそのデモの中心をなしていた全学連の学生たちと警官隊が衝突し、怪我人がでるのも珍しくなかった。日々の新聞は、その有り様を困惑気味に伝えている。

六月十五日には、東大生の樺《かんば》美智子さんがその衝突によって死亡している。彼女も存命していたら平成十八年に六十八歳になる。

日米安全保障条約は、戦後社会の骨格となって存在してきた。日本は、一九五一（昭和二十六）年九月のサンフランシスコ講和会議で連合国からの占領状態を抜けだすことが正式に決まった。講和条約に調印した日（九月八日）、当時の吉田茂首相はサンフランシスコにあるアメリカ第六軍司令部内でこの日米安保条約にも調印している。

吉田は後世この条約が批判されるのを予測していたのか、全権団の中にいる池田勇人や星島二《に》郎《ろう》*52という若手政治家に「君らは調印に同席しなくていい」といい、単独で調印している。歴史的責任を自らが負うとの姿勢を明らかにしていたのだ。

この条約は、簡単に言ってしまえば日本の防衛はすべてアメリカに依存するとし、そのために国内にアメリカ軍の駐留を認めるなど、いわば独立国としての体面を欠く内容であった。昭和三十二年二月に誕生した岸信介内閣はこの条約を双務的な方向に正すべきと主張し、アメリカとの交渉に入っている。岸首相はこのときから十六年前の太平洋戦争開戦時の東條英機内閣で商工大臣を務め、戦後社会にあっても民主主義体制とは異なる発想や言動を見せていた。内閣誕生からまもなく、「現行憲法といえども自衛のために核兵器保

国会周辺を埋め尽くしたデモ隊

有を禁ずるものではない」と発言し、野党の反発を浴び内閣不信任案が上程されている。そのような首相だったから、アメリカ側とせっかくまとめた新安保条約も議会での答弁は不充分、委員会での野党の反対には強行採決で応え、とにかくこの条約を何としても成立させようと躍起になった。

こうして「安保反対、岸内閣退陣(このことを『岸を倒せ』と叫んだわけだが)」というスローガンが国内に響きわたることになった。五月二十日未明に衆議院で強行採決を行ってからはこのデモは労働組合員・一般市民・学生だけでなく、ＯＬ・家庭の主婦、さらには老人、高校生にまで広がり、国会周辺のデモはしばしば首相官邸にも押し寄せるという事態がつづいたのであった。

こうした国民的な反対運動が、「六〇年安保」という語には含まれていた。わたしは当時二十歳で、京都の私立大学に学ぶ学生であったが、夜行に乗って東京に出て来てデモに参加したこともあった。全学連の学生たちは、共産党系と反共産党系に分かれていたが、わたしは反共産党系全学連のシンパとして、先輩などに「革命だ、革命だ」とアジられてそんな思いをもった世代でもあった。

反対運動はすべて共産主義者の陰謀

わたしは国会周辺のデモのなかにいたが、安保条約の内容など読んだこともなく（これはほとんどの者がそうだったと思う）、とにかく岸という首相に旧体制がもつ権力そのものが感じられて、この内閣を倒さなければ大変なことになると実感したものであった。今なお、国会周辺に行くとあの時代のデモの渦が思いだされることもある。今回の取材で、首相官邸の外壁のこちら側に身を置いてみると、周辺の騒音が意外なほど聞こえることに気づき、当時官邸で執務していた岸首相はどんな思いでいたのだろうとも推測した。

六月十五日もまた、安保改定阻止国民会議の国会請願デモが行われ、午後から夕方にかけては労働組合、地方団体、婦人団体、文化団体、市民や学生ら十万人が国会周辺や首相官邸に押し寄せている。全学連主流派（反共産党系）は国会突入を図り、そして国会正門前でなんども警官隊と衝突して、前述のように樺さんが亡くなるという事態になった。わたしはこの日のデモには、京都から来ていなかったが、東京はまさに革命的な状況だと伝わってきたほどだった。

この六月十五日、首相官邸で岸首相はこうしたデモに脅えていたという。午後七時すぎにニュースで女子学生の死を知った折にも一言も発しなかったといわれている。官邸で臨時閣議が開かれたのは、十六日午前零時十八分だった。事態が反政府暴動に転化するのを恐れてとにかく政府声明を発表することになったのだ。当時、閣僚のひとりだった中曽根康弘の「安保騒動日記」によるなら、この臨時閣議で「今日も首相、佐藤（栄作）蔵相強硬、国際共産主義勢力の陰謀につき最大限の警察力を動員して制圧する」との首相発言を紹介している。

池田勇人通産相は、全国から警察力を動員したらどうかといい、石原幹市郎《かんいちろう》国家公安委員長は「警察力には限りがある」と主張したという。

午前二時に発表された政府声明は、岸首相の考えを採ったもので、「（学生デモは）現在の社会秩序をくつがえさんとする国際共産主義の企図に踊らされつつある計画的犯行」という内容であった。岸首相はなんとしても反対運動のすべてを国際共産主義の仕業にしておきたかったのだ。

このあと岸首相は渋谷の南平台《なんぺいだい》にある私邸に戻ったが、そこに防衛庁長官の赤城宗徳《むねのり》*53を呼んでいる。六月十九日午前零時に、この新安保条約は参議院での可決がなくても、自然承認されるが、そのときまでにデモはよりいっそう激しくなると思われるので、自衛隊を出動させろというのであった。これに対して赤城は、

「出せません。武器をもたせて出動すれば、確かに力になりますが同胞同士で殺し合いになる可能性があります。これが革命の発火点になりかねません」

と答えている。それでも岸は執拗に要請している。赤城はそれを拒《こば》み、「どうしても出動させるというなら私を罷免してからにしてほしい」とはねつけた。

もっとも強権的な首相官邸の主人

岸は自衛隊出動の要請を首相官邸で行っていない。私邸で行っているところに、首相としての要求を薄めたともいえる。しかし、このときもし自衛隊が出動していて、翌日からのデモを制圧するために銃を発砲するような事態になっていたら、日本の戦後史はまったく変わったものになっただろう。自衛隊は国民の怨みを買うことになり、国民のなかに「政府は自衛隊をつかって国民の権利を抑圧する」との不信が長くにわたってつづくことになったとも思われる。

赤城は、防衛庁に戻って岸首相からの自衛隊の出動要請があったことを幹部に伝えて、意見を求めている。幹部全員が反対だったとされている。

こうした一件はこの段階では明らかにされていなかった。しかし時間を経るにつれ、岸の自衛隊出動要請は知られることになった。わたしは、首相官邸にこれまで身を置いた戦後の首相のなかで、もっとも強権的、ファッショ的な主人はやはり岸首相ではなかったかと思う。この首相は旧体制の体質が最後まで抜けなかった官邸の主人として記憶されるべきではないか。

六月十八日には、全国からの代表を集めて三十万人の大集会を開くと国民会議は発表している。十五日以後も国会周辺のデモはやまなかったが、十八日もまた早朝からデモはつづいた。国会周辺に座り込んだデモ隊は、国会にむけて、あるいは首相官邸にむけて、岸首相の退陣と国会解散のシュプレヒコールをくり返した。デモ隊は国会周辺だけでなく、都内の至るところに広がったのである。

国民会議はこの日は激しいデモを行わないと決めていた。全学連のデモ隊は夕刻には二万人近くになり、国会周辺でジグザグデモをつづけている。このときのシュプレヒコールは「岸を倒せ」という内容が多く、安保反対よりもむしろその声のほうがデモの主軸になっていたのである。学生たちのなかには、国会に突入の意見もあったというが、大学の教員たちが「右翼の挑発にのるな」「秩序正しいデモを」と呼びかけ必死に抑えていた。

午後十一時ごろには国会周辺には五万人近いデモ隊が座りこんでいた。とにかく「十九日午前零時の自然承認を認めない」との意思表示のために、ある者たちはそこに座りこみ、ある者たちはデモをくり返し、ある者たちはシュプレヒコールを行い、またある者たちは労働歌を歌ったりしていたのである。

首相官邸での岸首相もまた、「十九日午前零時」を待っていた。当時の『毎日新聞』を丹念にめくっていくと、首相はどのようにして官邸ですごしていたかが書かれている。夜に一時間あまりテレビでプロ野球を観戦して、その後官邸二階にある総理大臣室に入ったという。それが午後九時であった。そこでどのようにすごしたかはわからないが、側近たちとこの午前零時を待っていたようだとある。この間、官邸の外からは、「岸やめろ」というシュプレヒコールが聞こえていたとも報じられている。

午後十一時五十分、閣議室隣の大臣応接室の扉が開かれた。そこには正面に岸首相、その両脇に小川半次《はんじ》*54、床次《とこなみ》徳二*55、大倉三郎といった側近の政治家、そして井野碩哉《ひろや》法相など岸派の十数人が並んでいる。以下、『毎日新聞』の記事である。

「ライトに照らされた岸さんの顔は赤味を帯び上気したよう。どっと入りこんだカメラマンが岸首相の前まで進んでフラッシュをあびせた。（略）岸首相は〝まぶしいね〟と口もとをゆるめた。さすがにほっとした喜びの色はかくせない。廊下で衛士たちも『やっぱりうれしそうですね』とささやき合っている。入替り、立替り、カメラマンの数は四、五十人にも達したろうか、その間、約十分間、岸さんの安保自然成立のポーズは続けられた」

官邸が「大本営」になっていたら

官邸の上空にはヘリコプターが飛んでいた。午前零時の時報が響くと国会周辺のデモ隊からは大きな溜息が発せられた。闘いつづけてきた学生や市民のなかには人目もはばからずに泣く者もあった。「われわれはこの条約の不承認を宣言する」と社会党の宣伝カーが叫んでいた。

デモ隊のなかには解散を拒み、この夜だけは官邸に岸首相をかん詰めにするとの意思を示す者もあった。明け方までデモが続き「岸を倒せ」「岸でてこい」などの怒号が官邸をとり囲んだ。官邸の正門にも裏門にもデモ隊が押し寄せて確かに岸首相は官邸にかん詰めになった。

岸首相は官邸の中にあって、午前一時半ごろまで雑談していたが、そのあと長椅子でゴロ寝をしていたという。デモ隊の怒号にどのような思いをもったかは明らかにされていない。しかし内心ではすでに総辞職の意思を固めていたといわれ、官邸に身を置く時間ものこりわずかとの思いにふけっていたのではないか。

午前五時をすぎると、官邸周辺のデモ隊も少なくなった。午前六時を回ってまもなく、ソフト帽を目深にかぶった岸首相を乗せた車が正面玄関にあらわれ、紙クズが散乱している道をフルスピードで南平台の私邸にむけて走り去った。このことを伝える『毎日新聞』六月十九日付の夕刊には、「首相の官邸泊り込みは戦後初めての記録」とも書いている。

戦後、公邸に泊まりこむ首相はいなかったために官邸の総理大臣室の電気は夜間は灯《とも》ることがなかったのだ。岸首相のときに初めて灯されたというのであった。

今にして思えば、この首相官邸が自衛隊を指揮する「大本営」にならなかったことは、この国の歴史にとってなんと僥倖《ぎょうこう》だったのだろうとの思いがしてくる。「六〇年安保」という語には、「首相官邸の変質」という恐るべき意味もこもっていたのではなかったろうか。

＊52星島二郎
明治二十〜昭和五十五年。政治家。弁護士や犬養毅の秘書を経て大正九年に衆議院議員初当選。昭和十五年に翼賛政治に反対する同交会に参加。非推薦で当選を果たす。戦後は日本自由党の結成に参加。保守合同後は自民党に入り、三十三年には衆議院議長となった。

＊53赤城宗徳
明治三十七〜平成五年。政治家。昭和十二年に衆議院議員初当選。戦後は公職追放を経て、保守合同後に自民党に合流。防衛庁長官、農林大臣などを歴任した。

＊54小川半次
明治四十二～平成六年。京都府議を経て衆議院議員、後に参議院議員。衆議院予算委員長、自民党副幹事長などを歴任した。

＊55床次徳二
明治三十七～昭和五十五年。戦前、逓信大臣などを務めた床次竹二郎の次男。昭和二十四年に衆議院議員初当選。第二次佐藤内閣で総理府総務長官を務めた。

国民の欲望の肥大化が生み出した〝今太閤〟——田中政権の終焉

国民からの驚異的な支持を受け誕生した田中政権は、狂乱物価や自らの金脈問題などによって、国民の信を失い二年四カ月余でその幕を閉じた。様々な意味で昭和後期を代表する宰相・田中角栄にとって、首相官邸とは、総理の座とは、どのような意味を持っていたのだろうか。

初めにわたしの持論を書くが、昭和という時代は三つの期間に分かれると思う。昭和前期（昭和二十年八月十五日まで）、昭和中期（昭和二十七年四月二十七日、講和条約発効前日まで）、昭和後期（昭和六十四年一月七日まで）なのだが、それぞれの時代をひとつの単語であらわすのなら、「軍事」「占領」「物量」ということになるだろう。あるいは「大日本帝国の終焉」「戦後民主主義の出発」「経済大国への道」という言い方をしてもいい。

人物で、とくにそれぞれの期を代表する首相は誰か。東條英機、吉田茂には異存はないだろう。昭和後期は佐藤栄作、池田勇人などの名もあがろうが、わたしは田中角栄だと思う。なぜなら大衆社会そのものを代表する地肌、そして欲望の肥大化を充足させる物量社

辞任表明のため官邸に入る田中角栄首相

会を具現化した首相だったからだ。そこでこの「首相官邸の主人たち」の編を終わるにあたって、田中角栄をとりあげておきたいと思うのだ。

田中が首相の座をおりる決心をしたのは、昭和四十九（一九七四）年十一月二十六日であった。この日午前九時前に、田中は目白の私邸から首相官邸に入ったといい、すぐに竹下登官房長官を呼んで退陣表明をどのように行うかを相談している。そのあと、二階堂進自民党幹事長と椎名悦三郎《えつさぶろう》副総裁、鈴木善幸《ぜんこう》総務会長、そして山中貞則《さだのり》政調会長の四人が、官邸の執務室に呼ばれている。首相と党四役の会談だったという。

この席で田中は、「私の決意」と題する退陣の声明を党四役に示している。田中が自身で書いたのではなく、秘書の早坂茂三《しげぞう》が書き、それを安岡正篤《まさひろ》[*56]に見せての発表だった。

この会談が終わったあと、二階堂は「首相から退陣表明があった。淡々とした表情だったよ」と記者団に語り、鈴木は「首相はみんなに迷惑をかけたといっていた」と言い、椎名は「首相はやめるのか」という質問に、「退陣表明を入れたポケットをポンと叩《たた》いたよ」と語った。つまり田中はすでに退陣を覚悟していて、初めから説得など受けいれるつもりはなかったというのだ。こうしてこの日、竹下官房長官によって、田中首相の「私の決意」と題する退陣表明が官邸で読みあげられたのだが、その七百五十字ほどの決意のなかで重要なのは次の表現のなかにあるといえるだろう。

「政権を担当して以来、二年四カ月余、私は決断と実行を肝に銘じ、日本の平和と安全、国民生活の安定と向上のため、全力投球を続けてまいりました。

しかるところ最近における政局の混迷が少なからず私個人にかかわる問題に端を発していることについて私は国政の最高責任者として政治的、道義的責任を痛感しております。一人の人間として考えるとき、私は裸一貫で郷里を発って以来、一日も休むことなく、ただまじめに働き続けてまいりました。顧みましていささかの感慨もあります。しかし、私個人の問題で、かりそめにも世間の誤解を招いたことは、公人として不明、不徳のいたすところであり、耐え難い痛苦を覚えるのであります。私はいずれ真実を明らかにして、国民の理解を得てまいりたいと考えております。（以下略）」

東條、吉田、田中の共通点と相違点

田中としてもっともいいたかったのは、この点にあるのだろう。自身の金脈問題、石油危機に端を発したインフレ問題などを含め事実上「政治的、道義的責任を痛感」せざるを得ない立場におかれていることを認めたのである。記者団からは、単に決意表明だけでなく、記者会見に応じてほしいとの要求もだされていたが、田中はそれに応じなかった。記者との間で、金脈問題を含めて政権の失態を批判されるのが辛《つら》いということもあったのだろう。

つまりはこのような形で、田中は二年四カ月余の政権を手ばなすことになり、そしていささか酷な表現を用いるなら追われるようにして首相官邸をはなれていくことになった。当時の新聞報道によるなら、この日の閣議で退陣を示したあとに田中は、内閣改造からわずか二十八日間の任期しかなかった閣僚たちに、「皆さんに大きな借りができた。この借りを返すために生涯努力します」と頭を下げたという。いかにも田中らしい詫《わ》び方でもあった。首相官邸の閣議室をでていく閣僚たち一人一人と握手をして、「仕事を一つ終わった。人生における、これは一つの定年だよ」というのが、首相官邸を去っていく田中の最後の言葉だったと、中野士朗著の『田中政権・八八六日』では紹介されている。

前述したように、昭和を代表する三人の首相は、東條や吉田がそれぞれ陸軍や外務省の官僚としての地位を昇りつめて首相になったのに比べて、田中はまさに文字どおり「裸一貫」で自らの力でのしあがってきたという経歴をもっている。「今太閤《たいこう》」と賛えられたのはあたっている。

三人は何も共通点がないように見える。しかし幾つかの共通点もあるのだ。たとえば、三人とも逮捕され、拘置所生活を体験している。東條は巣鴨プリズン、吉田は太平洋戦争の末期に終戦工作を行ったとして憲兵隊に逮捕されている。そして田中は昭和二十三年に炭管汚職[*57]で逮捕（二審で無罪判決）されたし、昭和五十一年にはロッキード事件で逮捕されることになる。さらにもうひとつの共通点は、首相退陣時にはほとんど国民の支持をなくしていることだ。東條は重臣たちの反東條の包囲網により、最終的には昭和天皇の信を失っての退陣である。吉田は側近の緒方竹虎にも見放されての総辞職であった。

田中もまた傷ついての退陣であり、政治家としての晩節は惨《みじ》めな状態に置かれることになったのだ。三人の昭和を代表する首相たちを見ることで、昭和という時代の国民の意識を見ることもできた。

田中は官邸を去るときに、裸一貫で真面目に生きてきて、そして首相の座に昇りつめたという自らの軌跡を誇らしげに「私の決意」として語っている。そこには田中を官邸に押しあげる国民の応援があり、それがライバルの福田赳夫《たけお》を押しのける力となったとの理解があり、そのことが今崩れてしまうことに耐えられないとの意味が含まれているように思えた。田中自身が「今太閤」という官邸入りしたころの幻想を抱いているかのようにさえ思える内容でもあった。

しかし国民は官邸から出ていくときの田中にはまったく同情をもっていなかった。「『庶民』の出である田中に対する国民の期待が大きかっただけに、逆に、幻滅もまた大きなものとなったのである。その意味で、栄光と転落とは、田中が演出した自己イメージの故に、その落差を拡大したということができよう」（林茂・辻清明編著『日本内閣史録（6）』）との指摘があたっている。

官僚出身者と政党政治家の首相観

そのことは大衆社会がつくりあげたヒーローを、その大衆社会がこんどは一転して偶像を破壊する姿に似ている。田中角栄という政治家はそうした「大衆（国民）」のエゴイズムそのものが生みだした首相といっていいのかもしれない。

田中が内閣を組閣したときの支持率は歴代内閣のなかでも抜きんでた数字を記録していた。昭和四十七（一九七二）年八月の『朝日新聞』の世論調査は六二％という驚異的な支持率であった。九月の『毎日新聞』は五三％、十月の『読売新聞』は六〇・五％であり、各紙ともこの数字の高さは過去最高を記録したという。いわば田中は国民の圧倒的な支持を受けて首相官邸で執務をとることができたのだ。

実際に田中内閣は、それまでの内閣で懸案とされていた日中国交回復にすばやく手をつけ、先見性のある政治家としての評価も受けた。その行動力は、「コンピューター付ブルドーザー」とも評され、現実をよく直視し精密な計算をもとに行動をとるとも評されていた。組閣時の田中内閣を賛える表現を新聞や雑誌などは次々と並べていった。

田中にとって、内閣発足の初期は打つ手がすべてうまくいっていて、官邸でも笑みを浮かべていることが多かったという。

どの首相もそうなのだが、国会で首相に指名されて首相官邸に入ったときは、異様な興奮状態になるのだという。執務室で総理大臣の椅子に座ったときは、毎日新聞政治部記者たちのまとめた『検証・首相官邸』によるなら、誰もが「とうとう政治の頂点に立った」との感慨をもよおすのだという。わたしは、昭和史のなかで歴代首相のその軌跡を調べていて、たぶん官僚出身者たちと政党政治家の間では違いがあるのではないかと思う。

官僚たちは昇りつめた最高のポストが、その椅子であり、そのあとはない。つまり終点である。その喜びは大きいというべきであろう。

ところが政党政治家にとっては、そのポストは自分が座った地位のたまたまの椅子で、総理大臣であるにせよ自分の座るべき椅子はまだ幾つもあるとの思いがあるのではないか。

とくに田中にはその思いがあったように思う。昭和四十七年七月五日の総裁選で、田中は福田赳夫を破り、いわば「角福戦争」での勝利を果たしたあとの動きを見てみるとよくわかる。

田中はまず首相官邸に入る。このときに初めて椅子に座っている。そしてすぐに東京・平河町にある砂防会館の田中事務所に寄っている。そこには田中の秘書たちが待ちかまえていた。しばらくは興奮に酔っていたとある。そして夜は目白の私邸で家族や側近たちとともに祝ったようだが、つまり田中には「首相官邸」「田中事務所」、そして「目白の私邸」という三つの首相としての空間があったことになる。

首相官邸の役割を曖昧に考えていたことがつまりは命取りになるのだが、田中はその三つの空間をまったく同じ心理状態で支配しようとしたのではなかったろうか。それが当初は庶民的といわれる所以《ゆえん》だったように思う。なぜなら、前述の政治記者たちの著した書(『検証・首相官邸』)によると、「首相という官邸の主として執務室にこもっていると、国民の声や、与党内からの批判の声などが聞こえにくくなり、そこに安住すると政治のカジ取りを誤る恐れがある、ということなのだ」といい、首相の耳には心地よい情報ばかりが入ってきて、方向を誤るというのである。

田中にはそれがなかった。首相官邸の執務室をむろん軸にしていても、目白の自宅でも多くの人に会い、陳情を受けつけているし、田中事務所も自らの事業や政治の地固めとして利用したからだ。実にさまざまな情報に接して、バランスを保とうとしていたといってもよかった。しかし、首相官邸が最高権力者の権限をもつ空間であることを忘れていたのだ。

昭和でもっとも本音で生きた首相

昭和四十七年七月六日の国会で首相として指名されたあと官邸入りするや、官邸の照明が薄暗いことに注文をつけ、「電気を全部とりかえろ」といい、電灯をすべて蛍光灯につけかえさせた。それだけではない。こんなところで執務はできないといい、「すぐに首相官邸の建て替えをしろ」と言った。建設省の官僚を呼んで検討を命じたともいう。これが現在の新首相官邸に至るきっかけとなったのだ。

田中政治はスタートこそよかったが、しだいに土地投機と乱開発が明確になり、地価問題への国民の不満も高まった。日本列島改造論をもとにした積極財政はインフレを激化させることにもなった。石油危機からくる社会不安もまた田中政治への不信をかきたてた。こうした不信と不満のなかで、目白や田中事務所での田中自身の私的な部分に改めてメスも入った。昭和四十九年十一月号の月刊『文藝春秋』に立花隆による「田中角栄研究――その金脈と人脈」が掲載された。田中の金脈が具体的な調査ですべてが明らかにされたのである。この記事への反論も曖昧にしたまま田中は内閣を投げださざるを得なかったのである。

田中の辞任直前の昭和四十九年十一月の世論調査では、『朝日新聞』によると支持率はわずか一二％にも落ち込んだ。不支持は六九％に達していた。この支持率は歴代内閣のなかで最低の数字だった。就任時と退任時の数字が逆転していた。

首相官邸からはなれた田中は、権力発揮の場を目白の私邸と平河町の田中事務所にしぼって政治への影響力を保とうとした。そして昭和五十一年のロッキード事件での逮捕のあとは、官邸の主人を自らが決める、いわば「キングメーカー」として権力をふるうことになったのである。昭和という時代の三十二人の首相のなかでもっとも本音で生きた首相が田中角栄だったといっていいであろう。

＊56安岡正篤

明治三十一～昭和五十八年。陽明学者・東洋思想家。東洋思想研究所などを創設。北一輝、大川周明、山本五十六らと交流があった。戦時中は大東亜省顧問として政府に関与したとされる。戦後は公職追放を経て講演活動などに携わる一方、保守政治家に東洋思想に基づく帝王学を授け、精神的指導者の立場にあったといわれる。

＊57炭管汚職

吉田内閣当時の昭和二十三年に明るみに出た、炭鉱国家管理法をめぐる贈収賄事件。第一審の東京地裁は田中角栄に対し懲役六カ月（執行猶予二年）の判決を下したが、田中側はただちに控訴。第二審の東京高裁は無罪を申し渡したが、検察は控訴せずに確定した。

あとがきにかえて——国会と官邸の一角に立ち考えたこと

政治家の回想録や自伝、それに日記など、とにかく自らの軌跡を語った書を集中的に読んだ時期がある。昭和という時代から平成に移るころである。

わたし自身、五十代に入ったころであったが、なぜその種の書を読みつづけたかには二つの理由があった。ひとつは、昭和という時代を政治家たちはどのように総括しているのか、それを確かめたかったのだ。もうひとつは、わたし自身がその年代に達して政治家の文章を分析してみることで彼らがいかに虚実を交えて書くかを確認したかったからである。政治家が用いる語彙《ごい》とは、どのようなものかを見ることで、日本では「事実」をどう構築するのか知りたかったともいえる。

この二つについてどういう結論に達したかは本稿の目的ではないので省くことにするが、回想録、手記を自ら書いた政治家はそれほど多くなく、大体が新聞記者か側近の者の筆になることがわかった。それをはっきり書いているのもあるが、書いていない書もあり、わたしとしては前述の二つの視点は充分に確かめることはできなかったというのが正直な感想でもある。

　このなかでわたしの印象に残った回想記、自伝は藤山愛一郎《あいいちろう》、松村謙三《けんぞう》、河野一郎の三人であった。この三人の回想録には政治家としての含羞《がんしゅう》が感じられ、わたしはその政治的業績に対する見方とは別に人間的に率直かつ、真摯《しんし》であることが感じられた。奇妙な表現になるかもしれないが、彼らが政治指導者として首相になることがなかったところに昭和という時代の政治史があるという指摘もできるだろう（それに比べると、平成に入ってからの首相は大体があまりにも軽い感がするのは否めないのだが）。

　三人のなかでも藤山愛一郎の著した『政治わが道』は、わたしにとってもっとも印象に残る自伝であった。藤山がこの書を著したのは昭和五十一（一九七六）年七月で、すでにこのときは政界を引退している。自民党の総裁選にもなんどか立候補しているが、政治資金をむしりとられるだけでいずれも敗退している。「絹のハンカチ」が政界という泥水にとびこんだあげくに、汚れてしまったと表現した評論家もいたほどである。昭和三十年代、四十年代の自民党の総裁選はまさに金権選挙そのものであったのだが、藤山は政界を引退して一年後にこの書を著すことで政界の浄化を果たしたいとの思いもあったように思う。

　この書の「序」で、藤山はもともと自伝というのは「どうしても自分を美化して書くものですから、結果的には歴史が曲げられることになり易いので、進んで書くものでは無い」と思っていたと明かし、それでも書くことにしたのは発行元の朝日新聞社がプロジェクトチームをつくって藤山証言の裏づけをとって活字にしていくことを認めたからだとも書いている。わたしはここに藤山という人物の良質な人間性があり、それが逆に政治家としては限界だったのかもしれないと思ったりもする。

この書で印象的なのは、藤山を政界に引っぱりだした岸信介は、自らの内閣で藤山を外務大臣に据えて「六〇年安保」の実現に向けて動いているのだが、しかしよく確かめていくと岸に徹頭徹尾利用されたことがわかってくる。そのことを藤山は直接にはなじっていない。しかしここで語られている事実のひとつひとつは、藤山の意思を超えて岸という政治家の体質が告発されているように読むことができる。首相官邸の岸のもとを訪ねるたびに意見のほころびがでることなどが語られていることもわたしには興味があった。

この『政治わが道』は、国会や首相官邸という空間には、裏切りや背信、それに自らの存在を賭けての戦い、といったナマナマしい感情のぶつかり合いがあることをよく教えている。それゆえにわたしは、実際の国会や首相官邸を昭和という時代空間のなかに位置づけたいとも考えてきたのであった。毎日新聞社出版局の阿部英規氏との打ち合わせで、『昭和史の大河を往く』と題して、ある空間に立ちそこから改めて昭和という時代を見つめるという企画を話し合ったときに、わたしはすぐに国会や首相官邸とはどのような空間なのか、そこに身を置いた政治家はどういう心境になるのか、を確認してみたいと思っている旨を伝えた。そこには藤山の心境を現実に見てみたいとの思いが強くあった。

実際に、国会内部や官邸の一角に身を置いて、わたしはどのような感想をもったか、そこから昭和史のどういう光景が浮かんできたか、は本書にくわしく書いた。昭和という時代のなかでも、とくに軍事主導体制であった前期には、国会はどのようなプロセスで死んでいったかがわたしには関心あるテーマであり、その点についてはとくに怒りをもって書き進めた。戦時下にあっては、「国会は死んでいる」状態だけではなく、積極的に「聖戦完遂《かんすい》」のため働きかけを行う機関とも化していた。国会では言論よりも恫喝《どうかつ》が幅をきかしていたということにもなるだろう。そのような点はもっと広く理解されておく必要がある、とわたしは考えているからである。

藤山の回想録が教えていたのは、昭和三十年代、四十年代の保守政治の歪みの因に岸首相に代表される政治権力の私物化、金権化があることは論を俟《ま》たないが、それは戦前に軍事主導体制を誘いだす原因のひとつが政党政治の側の不透明さだったこととも通じるものがある。政党政治を崩さないためには、政治家自身がその職務から私欲を捨て去らなければならない。それができなければ、日本の政治はどれほどの時間を経過しても範たりえることはないのではないかとわたしには思えるほどである。そして藤山のような形で、多くの政治家が回想録や自伝を書き残すべきである。

これはわたしの持論でもあるが、首相経験者はその退任後三年以内に必ず自伝か回想記などを残すように義務化すべきである。あるいはそのような立法処置を施してもいいのではないかと考えている。

この『昭和史の大河を往く』シリーズは、この書が二冊目になる。前冊は『「靖国」という悩み』として平成十九年一月に刊行している。この二、三年のうち小泉純一郎首相の靖国参拝に関連して、靖国神社そのもののあり方、とくにA級戦犯合祀《ごうし》、それをめぐる昭和天皇のA級戦犯合祀への不快感といった光景が明らかになってきた。それを実際に靖国神社の境内に立ってみてどのような史実が思いだされるのかをわたしなりの見方で綴ってきた。それが第一巻の前著であった。

この書を著してから一カ月余あとのことになるが、国会図書館は靖国神社の協力を得て、戦犯合祀がどのように進められたのかという視点でまとめた内部文書を公開している。平成十九年三月二十八日である。この日の夕方からわたしはある通信社の会議室で莫大な内部文書（正確には、「新編　靖国神社問題資料集」）に半藤一利氏、秦郁彦氏、山中恒氏と共に目を通す機会を得た。そしてわたしなりのコメントも求められた。

この資料については翌二十九日の各紙でも多様な視点で報じられた。『毎日新聞』のこの日の朝刊一面では、「A級戦犯合祀『決定するが外部発表避ける』69年　靖国・厚生省合意」との見出しが掲げられ、「内密の交渉判明」という見出しもつけられている。事実上、合祀は「国営化」であるという見方をする識者の言も掲げられた。

わたしはこの資料に充分目を通し、靖国問題にくわしい三氏に話を聞いたこともあり、それを踏まえて『「靖国」という悩み』という拙著の見方についてただ一点補完しておきたい。それは靖国神社の総代会と国（この場合は厚生省援護局ということになるが）とは、国民感情などを無視して密かに旧体制の指導者を免罪とする動きを進めていたということだ。このことについては、このシリーズの第一巻の書では明確な資料がないので、わたしは推測気味に書いておいた。しかし改めて今回、一連の資料にふれてわたしの推測は誤りではなかったと確認できた。昭和四十五年六月の資料によると出席者「厚生省援護局調査課」と「同業務第二課」と「靖国神社側　池田権宮司・木曽禰宜《ねぎ》」による「合祀事務に関する検討」では「法務関係　A級12名　内地未決2名」は「諸状勢を勘案保留とする」ともあった。その前年（昭和四十四年）には、「合祀は決定するが外部発表避ける」とあったのに今度は保留となったのだ。

そして昭和五十三年には松平永芳《ながよし》宮司によって、A級戦犯は一気に合祀されてしまうのである。こうしたプロセスにどのような経緯があったのかは依然として明らかにされていない。つまりA級戦犯合祀の国のかかわりは、より積極的であるように思われるが、その点は不透明になっている。

こうした問題は、国会でより積極的に論じられていくべきである。とくに国会議員や国民の目の届かないところで、A級戦犯の合祀を決定したり、これを保留すると決めるような動きは、きわめて不穏当だというべきではないか。いやありていにいってしまえば、国の名で行われる戦争処理に関する歴史的業務の密室性こそ、国民の側から問うていかなければならないのではないか。

あえてこのことをつけ加えておきたい。

国会や首相官邸に身を置いて、昭和史をふり返るたびに、国会議事堂が完成したときに衆議院議員の尾崎行雄が新しいこの建物にふさわしい国会審議を行っているか、われわれは自省してみなくてはならないという意味の発言を行っていることを思いだす。本書でもふれたように、現在の国会議事堂は昭和十年代の日本のファシズム体制を出発点にもってしまったことになるが、その誕生から七十年の歴史をもってはたして今は十全に機能しているか否かの問いかけはつねに必要だともいえるだろう。

わたしは国会議員を直接に知っているわけではないが、求められて幾つかの集まりで話をしたことがある。そのときに感じたことは、昭和史に限ってということになるが、よく勉強している議員とあまりにも知らなすぎる議員との間の距離が大きいように思う。もとよりこれは歴史認識にもかかわっていくことになるが、よく勉強している議員はどの政党にもいるし、逆のケースもどの政党にも存在すると思う。

ただ有能な国会議員は国政調査権を充分に使いこなしていると思えるし、そういう議員との対話はわたしにもおおいに役に立つので会話の幅も広がっていくように思う。歴史を謙虚に把握し、そしてそれをもとに現代のなかに身を置く——それこそが政治家だけでなく、わたしたちにも必要だと思う。

松村謙三の『三代回顧録』は、政治家としてというより明治、大正、昭和の三代を生きた人物の回想記といっていい。松村は明治三十九（一九〇六）年に早稲田を卒業してから報知新聞社の記者として初めはジャーナリストとして生きた。大正期の半ばから政治にかかわっていくのだが、初めて国会議員に当選したころ（昭和三年）の議会の様子について、「議会でも、議会外でも非常に雄弁がはやった。いま（昭和三十年代の半ば）にくらべるとまことに雲泥の差である。いまはよくいえば議会は実質的になり、事務的になった。悪くいえば低級になり、無味乾燥になった」と書いている。昭和初年代はまだ議会も活発であったということだろうが、五・一五事件以後は、しだいに議会が機能を失っていくことがわかる。

松村のこの自伝のなかから、松村の畏敬する代議士の名も知ることができるが、そこには斎藤隆夫や幣原喜重郎、浜口雄幸などの名があげられている。わたしもまた松村の書から多くのことを教わったのである。

河野一郎の『河野一郎自伝』は、政治的挫折の内実を知るために参考になる自伝であった。

本書刊行までに多くの関係者のお力添えをいただいた。国会見学、あるいは官邸訪問にあたっては毎日新聞社政治部長丸山昌宏氏、政治部の三岡昭博氏、大場伸也氏にご紹介を受け、同行していただいた。深く感謝したい。門外漢のわたしに御教示をいただいたことに改めて謝意を述べたい。また出版局の阿部英規氏には取材から執筆までの間、多くの点で協力を得たうえに、つねに適切な助言で多くの示唆を与えてくれたことにお礼をいいたい。写真記者の潮田正三氏、萩原義弘氏にも毎回同行いただいた。謝意を表したい。『サンデー毎日』編集長の山本隆行氏には、連載を温かく見守っていただいた。お礼を言いたい。一冊の書が刊行されるまでに家人の協力が大きかった。体調を維持しながらの日々で、それだけにこうして編《あ》まれた書にはひときわ愛着を感じている。

二〇〇七年（平成十九年）四月

保阪　正康

文庫版あとがき

太平洋戦争を調べていて、いや昭和前期（とくに昭和十年代）という時代を克明に見ていて、いつも疑問に思うことがある。議会や政治家は、なぜこれほどまでに存在が稀薄なのだろうか。国策の決定にほとんど口を挟めない状況になっていく、そのプロセスがあまりにも哀れなのだ。

哀れ、という意味は、国策決定のチャンネルを軍部ににぎられ、そしてそれに協力する官僚が権力構造をつくりあげ、議会内部にはそれに呼応する親軍派議員のボスたちが君臨するとの構図ができあがる。地道に活動を続ける一般議員などは現実には何の発言も持たないのである。昭和十七（一九四二）年四月の翼賛選挙は、親軍派議員と軍部が結託しての反議会政治の儀式といってもよかったのだが、つまりは骨のある議員は数えるほどになったという言い方ができるであろう。

私はこれまで戦時下議会について、何人かの当時の議員に話を聞いてきた。その一部は本書においても紹介したが、あえて二人の議員の証言は今なお価値があるとして認めたいと思う。

その一人は、戦時下議会で護国同志会を結成していた中谷武世氏である。中谷氏は、昭和四十九年に『戦時議会史』という書を刊行しているのだが、その中で議員も懸命に軍部に抵抗したのだが、というニュアンスで原稿を書いている。「当時、私は基本的に大東亜戦争に反対だったわけではないので、軍部そのものと何も声を荒らげて対立するつもりはなかった。ただ東條内閣の横暴ぶりはとにかくひどかった。政治家をバカにしていることがよくわかった」と前置きしたうえで、自分たちが徹底的に東條内閣と闘い、そこであまりにもひどい立法には執拗に抵抗したと自負している。

中谷氏は、昭和初年代から自ら雑誌を刊行していたこともあり、東條（昭和八年当時は陸軍省調査部長）とは顔見知りだった。東條が関東軍参謀長時代には、新京で東條と会って話をしたともいい、どちらかといえば親しい側にいた。ところが首相になってから、とくに戦時下を担うようになってからは、その態度は一変したというのである。

「彼は自らの周辺に忠言をなす人をよせつけなかった。そのために茶坊主的軍官僚と低頭するだけの政治家に囲まれて、自分一人で難局にあたっていると錯覚するようになったんだね。しだいに議会など無視して、強引に立法の処置をしていく。それで私も、『東條、遂に救うべからず』と思うようになったんだ。東條打倒運動にも加わったけれど、さて東條は倒したが、次は、となるとなかなかいなかったということもいえる」

中谷氏に言わせれば、「権力を持つと人間が変わるタイプがいる。東條がそうだった」となるのだが、この言は、現代に通じていると私には思えるのである。

もう一人は、戦後は社会党の右派として重きを成した三宅正一氏であった。三宅氏は戦時下の議会で、非推薦で当選した議員としての誇りを持ち、その点では反東條の側に立っていた。といってもそのような言説を明らかにすれば、暴力的な弾圧も予想されたので、もっぱら政府提出の戦争遂行のための立法に反対ないし棄権を示すという態度を貫いたというのであった。

私が三宅氏に会って話を聞いたのは、昭和五十年代のことだったから、もう三十年も前になるのだが、「戦時下議会、とくに東條内閣時代の議会について知りたいのですが……」という私の質問に、怒りの口調でまずは次のような言を吐いた。

「君、東條などという、軍人で首相になった人物などに関心を持つな。こんな軍人のことを調べて時間をムダにすることはないよ。実につまらん男だからねえ」

軍人の中でもあんな無能な人物は見たことがない、というのが三宅氏の印象だった。怒りと侮蔑の言を聞きながら、私は、「そのつまらない男性に時代を動かされたことが腹だたしい」と答えると、三宅氏は意外なことを口にしたのである。

「軍部の背景には暴力があった。だからわれわれもなかなか口を開けなかった。東條などという指導者は、暴力と対になった指導者であり、こんな人物があの戦争を担ったというのは、私たちの恥そのものということだ」

三宅氏は、私が会ったときは衆議院副議長のポストにあった。老齢で温厚な人物と見えたが、ひとたび東條や軍部の話になると、興奮が表情にあらわれた。その変化は、この政治家が昭和十年代を屈辱の目で見ていることを示していた。三宅氏の言の中で、私がもっとも印象にのこったのは、「あんなつまらない男が戦争指導を担ったということ」との断定であった。

中谷、三宅両氏の言にふれて、軍人の体質に代表されるような空気が議会を覆う日が、「国会が死んだ日」なのだと気づかされる。軍人の体質とは、一に議論を好まぬということであり、二に「敵と味方」という二元的な発想しかできないことである。こういう体質は、議会の中に軽々に持ちこまれてはいけないというのが、私の実感でもあった。

本書はこのことを企図している、と文庫に収めるにあたっても改めて記述しておきたいと思う。この二つは議会政治の「敵」であると考えるべきであろう。

文庫刊にあたって多くの人に御尽力をいただいた。前文庫編集部編集長の深田浩之氏、学芸編集部の麻生昭彦氏には改めて感謝したい。また「解説」を引き受けてくださった読売新聞社調査研究本部主任研究員の浅海伸夫氏に謝意を表したい。

平成二十五年（二〇一三年）六月

保阪　正康

解説

浅海伸夫

昭和という時代をみつめなおしたいとき、保阪正康氏の著作は、とても有り難い存在である。その明確なモチーフ（問題意識）と、「当事者」から直接取材した素材を基本に組み立てられた実証的な記述は、貴重な視点と史実をふんだんに提供してくれるからだ。

歴史の資料にもなる新聞記事は、５Ｗ１Ｈが基本である。このため、新聞記者はできるだけ「現場」で事態を把握しようと努める。現場は、いわば記者の命だ。ところが、「今」を追いかけることを生業とする記者は、「今」が過ぎ去ると、「なぜ」という問いを、いつの間にか忘れてしまう。その点、歴史家は明らかに違う。「なぜ」を繰り返しつつ、一定の月日の後に明かされる史料や証言を集め、生起した事実とその理由を追求し続ける。

本書は、「昭和史の大河を往く」シリーズの一冊として編まれている。確かに昭和時代は、「大河」というにふさわしい。保阪氏は、この壮大で、時に荒れ狂った大河に、ひとり小舟で乗り出し、その流れを捉えてきた人にみえる。本書で保阪氏は、まるで新聞記者のように、昭和史の「現場」に立ち、過去と現在を自在に往き来する。それぞれの「現場」は、〝史眼〟を喚起させ、保阪氏は歴史の重みをかみしめつつ、時には「イフ」も交えてその本質を吟味し、教訓を引き出すのである。

本書の「現場」は、帝国議会（国会）と首相官邸だ。国会にしても首相にしても、その地位や権限は、明治憲法と現行憲法の下で、つまり戦前と戦後では大きく異なる。例えば、天皇が行使する立法権の「協賛」機関だった議会は、戦後、「国の唯一の立法機関」になった。議会の頭越しに、法律と同様の効力をもつ緊急勅令が出されることもなくなった。戦前、閣内で「同輩者中の首席」に過ぎなかった首相は、戦後は「首長」としての地位を固め、閣僚の任命・罷免は自由にできるようになった。

しかし、全く変わらないところもある。

それは、国会が言論の府であり、首相官邸が「最高権力者」の日々の営みの中心であることだ。とくに、国会も首相官邸も、ともに政治家たちによる権力争奪の修羅の場であることは、今日もまったく変化がない。

私が政治記者として現場にいた一九八〇～九〇年代、衆院本会議は、法案の成否をかけた与野党の主戦場だった。消費税法や国連平和維持活動（ＰＫＯ）協力法、政治改革関連法などの重要法案をめぐって激しい攻防が繰り広げられていた。

二〇〇六年、衆院本会議場を一望できる傍聴席に座った保阪氏の目に映ったものは、「腹切り問答」の浜田国松であり、「反軍演説」の斎藤隆夫であり、「憲政の神様」尾崎行雄だった。いずれも、「言論の府」にふさわしい雄弁家たち。軍部の国政への圧力が強まった昭和十年代、その弁舌を駆使して、時代の風潮に大胆に異議を唱えた面々だ。

国会の中を歩きながら、保阪氏は、浜田演説をきっかけに内閣総辞職に追い込まれた首相の広田弘毅を思い浮かべている。広田がその日、昭和天皇への説明に参内するため、国会から出ていく時、「院内の空気が異常に振動」したという。国会情勢が緊迫すると、今でも国会の空気はがらり一変する。国会は、今も昔も、生き物なのだ。

浜田演説の三年後、陸軍省軍務局長の武藤章らが、傍聴席で斎藤の反軍演説を聞いていた。武藤は「支那事変の聖戦目的への侮辱であり、十万英霊への冒瀆である」と批判した。衆院議長の小山松寿は「聖戦の美名に……」以下を削除するよう求める。小山は議場からさぞ脅えながら議長室にもどったのではないかと、保阪氏は国会内で想像した。軍服姿の軍人が闊歩することを許していた議会が、軍部に対して白旗を揚げた瞬間だった。

戦後、内閣不信任決議案の採決も、首相指名選挙も、その舞台は衆院本会議場だ。本会議で新首相が決まって議場を出ると、今まで自分の周囲にいた「番記者」が、首相官邸の新しい主のもとに駈け寄っていく。政権交代時のひとこまだが、首相経験者の多くが、このとき「権力の喪失」を実感するという。

私が「番」をつとめた鈴木善幸首相の時は、旧官邸だった。この頃は、首相の執務室の前に立って文字通り「番」をした。当時は、首相が官邸内や国会内を歩いているとき、

「番」は首相に何でも聞くことができた。「番」は最高権力者の鼓動に耳を澄ました。しかし、現在の新官邸（二〇〇二年完成）になる前後から、こうした〝取材文化〟は消えた。

本書によれば、対米戦争の開戦前夜、避戦の任務を果たせなかった東條英機は首相公邸でひとり泣いていた。官邸は、最高権力者にとって「孤独の館」でもある。今日まで、多くの首相が、夜の官邸で、眠れぬまま、深い孤独感と絶望感にさいなまれている。首相はその重圧に耐え忍ばなければならない。

それにしても、東條はどうしたことか、その二日後、官邸に陸海軍人らを招き、真珠湾攻撃成功を祝う小宴を開いていた。今回、官邸を訪れた保阪氏は、そこで喜色を浮かべている彼らに対し「あなたたちはなんと無責任な指導者なのか」と問いつめたくなるのだ。

吉田茂の挿話も強烈だ。政権の末期、吉田が車椅子にのっている鳩山一郎を執務室の「総理の椅子」に座らせたというのである。慰撫したのか、愚弄したのか、ただの戯れか。長期政権の倦みと、権力の座の有為転変を印象づけてあまりある。

首相在任七年八か月にわたる佐藤栄作の最大の功績が、沖縄の施政権返還であることは論をまたない。実現できなければ退陣必至という、沖縄返還に賭けた佐藤の一念を、当時の人は「佐藤の焼身自殺」と言った。

保阪氏は、同じ「焼身自殺」でも、一九六七（昭和四十二）年十一月、官邸前で本当に焼身自殺を遂げた七十三歳の老エスペランティストについて書いている。この老人は、アメリカの北爆を支持する首相に対し、「深いいきどおりを覚える」と抗議していた。保阪氏は、老人の死に佐藤は「ひるんだのではないか」とみる。鋭い指摘だ。しかし、佐藤が翌日からの訪米で、ジョンソン大統領との間で沖縄返還時期を確定させた途端、その死は頭から消えていたのではないかと、私は推察する。

佐藤はなぜ、沖縄返還にあれだけ力を注いだのか。保阪氏が指摘するように、「政治家としての野望」があったのは確かだ。だが、沖縄に対する「真情」が、佐藤からはどうしても汲みとれない。佐藤の歴史的評価がいま一つ定まらないのは、返還交渉で密使・密約を使った政治手法と、腹が決まっても明かさなかった性格に起因しているようにみえる。

一九八一（昭和五十六）年の鈴木内閣当時、衆院本会議場には、明治三十二年生まれの灘尾弘吉を最長老に、明治生まれの議員が七十人ほどいた。

そこには、戦前の議会に初登院した日、尾崎行雄から「しっかりやってください」と励まされて志を立てたという三木武夫、二・二六事件で暗殺された高橋是清蔵相の下で陸軍省担当の主計官を務めていた福田赳夫、東久邇内閣の国務相・緒方竹虎の秘書官だった長谷川峻らの姿があった。あとは、大正生まれと昭和生まれとに二分されたが、議員の多くは、戦前日本の「失敗」を実体験として知っていた。

ひるがえって今日の議場をみると、明治生まれはもとより、大正生まれもいない。最年長は昭和七年生まれの石原慎太郎・前都知事で、戦前生まれは十人に一人に過ぎない。安倍晋三首相は昭和二十九年生まれ。「昭和」は、国会においても遠くなっている。

安倍首相の母方の祖父が岸信介である。しかし、父方（安倍晋太郎元外相）の祖父、安倍寛になるとほとんど知られていない。寛は、一九三七（昭和十二）年の衆院選に初当選、同期には赤城宗徳がいて二人は親しかった。その赤城が六〇年の安保闘争時、防衛庁長官として、自衛隊出動を求める岸の要請を蹴ったことは、本書にも登場した。革新官僚として満州国の経営にあたり、戦後はＡ級戦犯容疑者から瞬く間に首相の座に就いた岸に対して、安倍寛は翼賛選挙で「非推薦」を貫いて当選したあと、終戦翌年に死去している。

二世議員、三世議員が増えている。昭和史をたどることは、祖父、父の人生を知ることでもある。そこは、政治的な教訓に満ちあふれている。政治家を続ける以上、いずれ自らも「歴史の法廷」に立たなければならない。国会と首相官邸という権力の現場における、政治指導者らの実像を浮かび上がらせた本書はもちろん、保阪氏の諸作品を、とくに若い政治家たちに読んでもらいたいと思う。


（あさうみ・のぶお　読売新聞調査研究本部主任研究員）

『昭和史の大河を往く〈第二集〉開戦、東條英機が泣いた』（平成十九年五月、毎日新聞社刊）

初出

「国会が死んだ日」
『サンデー毎日』平成十八年四月十六日号～六月二十五日号（十回）
「首相官邸の主人たち」
『サンデー毎日』平成十八年十月二十二日号～平成十九年一月二十一日号（十三回）

事態の経過、人物の役職、年数の起点などは掲載時点のものです。

中公文庫

昭和史《しょうわし》の大河《たいが》を往《ゆ》く2
国会《こっかい》が死《し》んだ日《ひ》

2013年7月25日　初版発行

著　者　保阪《ほさか》 正康《まさやす》

発行者　小 林 敬 和

発行所　中央公論新社
〒104-8320　東京都中央区京橋2-8-7
電話　販売 03-3563-1431　編集 03-3563-3692
URL http://www.chuko.co.jp/

DTP　平面惑星
印　刷　三晃印刷
製　本　小泉製本

Published by CHUOKORON-SHINSHA, INC.
Printed in Japan　ISBN978-4-12-205822-4 C1121

各書目の下段の数字はISBNコードです。978－4－12が省略してあります。

中公文庫既刊より

ほ-1-14
昭和史の大河を往く1「靖国」という悩み　保阪正康
政治や外交の思惑もからみ、複雑化する靖国問題の本質とは。首相の発言と参拝、様々な立場の歴史解釈、昭和天皇の思いなど、資料と取材から多面的に迫る。
205785-2

ほ-1-1
陸軍省軍務局と日米開戦　保阪正康
選択は一つ——大陸撤兵か対米英戦争か。東条内閣成立から開戦に至る二カ月間を、陸軍の政治的中枢である軍務局首脳の動向を通して克明に追求する。
201625-5

ほ-1-2
秩父宮　昭和天皇弟宮の生涯　保阪正康
近代天皇制のもとで弟宮という微妙な立場で激動の昭和史に立ち向かい、栄光と苦悩のなかに生きた秩父宮。その生の真実に迫る名著。〈解説〉半藤一利
203730-4

ほ-1-4
吉田茂という逆説　保阪正康
空白の時代に強烈な指導力を発揮した戦後最大の政治家・吉田の虚実。様々な資料を読み解きながら、吉田の本質に鋭く迫る著者渾身の書。〈解説〉庄司潤一郎
204207-0

ほ-1-6
戦後の肖像　その栄光と挫折　保阪正康
秩父宮、高松宮、赤尾敏、伊藤律、田中角栄、金丸信など、昭和を代表するキーパーソン十五人に焦点を当て、昭和という時代の意味を改めて問い直す意欲作。
204557-6

ほ-1-9
昭和天皇（上）　保阪正康
その誕生から終戦まで、昭和天皇の足跡を丹念に辿りながら、「昭和の意味」を浮き彫りにし、日本という国、天皇という存在の意味を改めて問う。
205090-7

ほ-1-10
昭和天皇（下）　保阪正康
戦後は「象徴天皇」として歩んだ昭和天皇の生涯を様々な資料から浮き彫りにしつつ、昭和という時代の意味をも問う、著者渾身の労作！〈解説〉長門保明
205091-4